Christof Warnke
Die Bibel ist nicht vom Himmel gefallen
55 Theologische Informationen

Für Johannes,
ein kleiner
Adventsgruß
Dein Otto

CIP-Titelaufnahme der Deutschen Bibliothek

Warnke, Christof
Die Bibel ist nicht vom Himmel gefallen: 55 theologische Informationen / Christof Warnke. - Stuttgart: Steinkopf;
Frankfurt am Main: Gemeinschaftswerk d. Evang. Publ., Abt. Verl., 1990
(GEP-Buch)
ISBN 3-7984-1020-8 (Steinkopf) kart.
ISBN 3-921766-46-X (GEP) kart.

Umschlaggestaltung/Layout: KH Thiel
Abbildung Titelseite: „Lebensbuch". Marmorplastik von Kubach — Wilmsen, 1983
Satz: GEP
Druck: Plag Druck, Schwalmstadt-Treysa
Vertrieb im Buchhandel: J.F. Steinkopf Verlag, Stuttgart-Hamburg

ISBN 3-7984-1020-8

4. Auflage (24. - 28. Tsd.) 1991

Christof Warnke

Die Bibel ist nicht vom Himmel gefallen

55 Theologische Informationen

gep Buch

im J.F. Steinkopf Verlag Stuttgart

Inhalt

Die Bibel

Die Bibel ist die „Heilige Schrift" der Christenheit. Sie ist für die Christen die Quelle ihres Glaubens und die Richtschnur ihrer Lehre. Das Wort „Bibel" stammt aus dem Griechischen und bedeutet „Buch". Dabei ist dieses Buch eigentlich schon eine kleine Bibliothek. Denn sie ist eine Sammlung von 66 verschiedenen Büchern oder Schriften. Dazu gehören Geschichtsbücher wie das Buch Josua, ein Gebets- und Gesangsbuch wie der Psalter, Briefe wie die des Paulus an die Korinther. Zwei Teile hat die Bibel: das „Alte Testament" und das „Neue Testament". Etwa drei Viertel der Bibel gehören zum Alten und ein Viertel zum Neuen Testament. Die „Heilige Schrift" Jesu war das Alte Testament. Diesen Teil der Bibel haben Juden und Christen gemeinsam. Es zählt 39 verschiedene Bücher, die in der Zeit zwischen 1000 und 200 v. Chr. entstanden sind. Mit Ausnahme von kleinen Stücken, die in Aramäisch geschrieben sind, ist die ursprüngliche Sprache des Alten Testaments das Hebräische. Darum wird das Alte Testament auch „Hebräische Bibel" genannt. Das Alte Testament enthält die Urgeschichte Gottes mit der Welt und Menschheit (1. Mose 1-11) sowie die Geschichte Gottes mit dem Volk Israel (1. Mose 12 — Maleachi). Das Neue Testament ist in besonderer Weise das Buch der Christenheit. Denn es ist nur bei den Christen als „Heilige Schrift" anerkannt, allerdings untrennbar vom Alten Testament.

Zum Neuen Testament gehören 27 einzelne Bücher, die zwischen 50 und 120 n. Chr. geschrieben wurden. Da ihre ursprüngliche Sprache Griechisch ist, wird das Neue Testament auch „Griechische Bibel" genannt. Der Inhalt des Neuen Testaments ist die Geschichte Gottes mit Jesus von Nazareth, der Glaube der ersten Christen an Jesus sowie die Anfänge der Geschichte Gottes mit der christlichen Gemeinde. Das Neue Testament enthält vier Evangelien, die Apostelgeschichte, eine Sammlung von Briefen und Lehrschreiben sowie das Buch eines christlichen Propheten, die Offenbarung des Johannes.

Die Evangelien erzählen das, was Jesus gesagt und getan hat und was mit ihm geschehen ist. Die Apostelgeschichte berichtet über die erste christliche Gemeinde in Jerusalem und die Missionstätigkeit des Apostels Paulus. Die Briefe und Lehrschreiben behandeln Fragen und Probleme, die in der frühen Christenheit der Klärung bedurften — zum Beispiel: wer Jesus war und was er im Glauben ist, was das jüdische Gesetz den Christen bedeutet, welche Ordnungen für die Gemeinde gelten sollen. Die Offenbarung des Johannes will verfolgte Christen ermutigen und trösten, daß sie dem Glauben an Jesus Christus treu bleiben, weil Christus der Anfang und das Ende ist.

Zur Entstehung der Bibel

Die Bibel ist im Laufe von rund 1300 Jahren entstanden. Viele Menschen haben zu ihr beigetragen. Im 2. Brief an Timotheus 3,16 heißt es zwar, alle Schrift sei von Gott eingegeben; das erklärt aber Art und Umfang der Eingebung nicht. Die Eingebung könnte sich auch nur auf das Alte Testament beziehen, denn zu der Zeit, als der 2. Timotheus geschrieben wurde, gab es das Neue Testament noch nicht.

Die Frage, ob die Bibel Gottes- oder Menschenwort ist, hängt nicht daran, daß Gott jedes Wort diktiert haben müßte. Wenn Gott in Jesus Mensch geworden ist, warum sollte dann nicht auch sein Wort menschliche Gestalt angenommen haben? Wort Gottes ist, was zum Glauben an Gott führt. Das geschriebene Wort der Bibel soll zweifellos dazu dienen. Es kann aber auch zu ganz anderen Zwecken gebraucht und dabei sogar zum Satanswort werden (Matthäus 4,1-11).

Die Bibel besteht aus 66 einzelnen Schriften oder Büchern, die unterschiedliche Entstehungsweisen erkennen lassen. Die Briefe des Neuen Testaments sind zum Teil diktiert worden, wie sich z.B. aus Römer 16, 22 ergibt, wo der Schreiber Tertius seine Grüße einfügt. Bei den Prophetenbüchern des Alten Testaments wird angenommen, daß einige von ihnen von Schülern der Propheten gemacht wurden. Einige Propheten haben das, was sie zunächst nur mündlich gesagt haben, später niedergeschrieben, um die Wirkung des gesprochenen Wortes zu verstärken. Ein Beispiel dafür wird in Jeremia 36 berichtet.

Nicht wenige biblische Schriften sind so ähnlich entstanden, wie heute Zeitungen gemacht werden: Einer, der Redakteur, sammelt das Material und setzt es zu einem Buch zusammen. Dabei bearbeitet er auch das Material, streicht an einer und ergänzt an anderer Stelle, fügt kurze Erklärungen hinzu und schafft Überleitungen. Auf diese Weise sind z. B. die fünf Bücher Mose entstanden, aber auch die Evangelien (Lukas 1,1-4).

Die Verfasser der meisten biblischen Bücher sind unbekannt. Sie wollten nicht sich selbst einen Namen machen und sich selbst zu Wort bringen, sondern sie wollten die Ehre und das Wort ganz Gott geben. Darum treten sie hinter ihr Werk zurück.

Die Bibel ist in dem Umfang, wie sie uns heute geläufig ist, erst im 4. Jahrhundert n. Chr. festgelegt worden. Die Christen übernahmen das Alte Testament in dem Umfang, wie dieser sich nach langer Diskussion gegen Ende des ersten Jahrhunderts n. Chr. im Judentum herausgebildet hatte. Auch der Umfang des Neuen Testaments war lange Zeit offen. Martin Luther wollte die Frage, welche Schriften zur Bibel gehören dürfen, an deren Inhalt entscheiden: „ob sie Christus treiben oder nicht“.

Wer schrieb die fünf Bücher Mose?

Am Anfang der Bibel stehen die fünf Bücher Mose. Im letzten Kapitel dieser Bücher wird vom Tod des Mose erzählt. Das schließt aus, daß dieses Kapitel von Mose selbst geschrieben worden ist. Ein anderer muß das getan haben.

Bei genauerem Lesen stößt man auf weitere Stellen, die voraussetzen, daß Mose selbst nicht der Verfasser der Bücher ist, die seinen Namen tragen. Zum Beispiel, wenn es 1. Mose 12,6 oder 13,7 heißt: „es wohnten aber zu der Zeit die Kanaaniter im Lande“. Diese Formulierung verrät bereits eine spätere Situation, bei der die Kanaaniter nicht mehr im Lande wohnen. Dem entspricht 1. Mose 40,15, wo vom „Lande der Hebräer“ die Rede ist, obwohl die Stämme Israels erst nach Mose das Land in ihren Besitz genommen haben. Ebenso verhält es sich, wenn 1. Mose 36,31 die Könige von Edom genannt werden mit dem ausdrücklichen Hinweis: „bevor Israel Könige hatte“. Der oder die Verfasser kennen also die Zeit, als Israel Könige hat (vergleiche 5. Mose 17,14-20). Das trifft aber noch nicht für die Zeit des Mose zu.

Die fünf Bücher Mose sind das Werk unbekannter Verfasser der Zeit nach Mose. Sie beanspruchen selber nicht, in ihrer Ganzheit von Mose geschrieben worden zu sein. Es sind nur wenige Abschnitte, für die Mose als Verfasser genannt wird: 2. Mose 17,14, wonach Gott Mose befiehlt, einen Bericht über den Sieg über Amalek in ein Buch zu schreiben; 2. Mose 24,4 wird gesagt, daß Mose alle Worte des Herrn niedergeschrieben habe, ohne daß diese nun aber unmittelbar zitiert würden; 2. Mose 34, 27 wird Mose von Gott aufgefordert, die zuvor zitierten gottesdienstlichen Anweisungen aufzuschreiben; 4. Mose 33,2 wird berichtet, daß Mose eine Liste von Lagerplätzen angelegt habe, die im Anschluß angeführt wird; 5. Mose 31,9 und 24 teilt mit, daß Mose „die Worte dieses Gesetzes“ vollständig in ein Buch geschrieben habe.

Daß Mose für den Verfasser der ersten fünf Bücher der Bibel gehalten wird, deutet sich bereits in jüngeren Teilen des Alten Testamentes an (2. Chronik 25,4; Esra 3,2; 7,6) und wird auch im Neuen Testament bestätigt (Markus 12,26; Johannes 5,46; Römer 10,5). Die Kirche hat dies in ihre Tradition aufgenommen. Zweifel daran gab es aber schon früh, sie verstärkten sich im Mittelalter und setzten sich seit dem 18. Jahrhundert mehr und mehr durch.

Die fünf Bücher Mose sind nicht die einzigen biblischen Schriften, deren Verfasser unbekannt sind. Die Autorität der Bibel hängt an deren Inhalt, nicht an den Personen, die die einzelnen Stücke geschrieben haben. Für viele der biblischen Bücher gilt, daß ihre Verfasser ganz hinter sie zurücktreten und anonym bleiben. Sie respektieren, daß das, was sie mitzuteilen haben, nicht von ihnen selber kommt, sondern von Gott. Darum nennen sie diesen und nicht sich selber.

Die Schöpfungserzählungen der Bibel

Auf den ersten Seiten der Bibel wird gleich zweimal von der Erschaffung der Welt erzählt. Die erste Schöpfungserzählung umfaßt 1. Mose 1,1-2,4a. Ihre Entstehung wird heute allgemein dem 5. Jahrhundert v.Chr. zugewiesen. Es liegen ihr aber sehr viel ältere Überlieferungen zugrunde. Die zweite Erzählung findet sich in 1. Mose 2,4b-25 und gehört zu einem Buch, das wohl im 9. Jahrhundert v. Chr. geschrieben wurde. Auch sie greift auf ältere schriftliche oder mündliche Überlieferung zurück. Beide Erzählungen haben zahlreiche Motive, die sich in Schöpfungserzählungen überall bei den Völkern finden.

Woran läßt sich erkennen, daß am Anfang der Bibel zwei verschiedene Schöpfungserzählungen stehen? Die jüngere Erzählung endet in 1. Mose 2, 4a mit dem Satz: „So sind Himmel und Erde geworden, als sie geschaffen wurden." Das ist eine typische Formulierung für einen Schlußsatz. Die Fortsetzung des Verses 4 ist aber ein typischer Anfangssatz: „Es war zu der Zeit, da Gott der Herr Erde und Himmel machte."

Die jüngere Erzählung ist klar gegliedert nach den sieben Schöpfungstagen, die ältere hat eine solche Gliederung nicht. Die jüngere geht davon aus, daß vor der Schöpfung Wasser vorhanden war: das chaotische Urmeer (1. Mose 1,2). Die ältere dagegen geht von der Erde als Wüste aus (1. Mose 2,5). Die Erschaffung des Menschen steht in der jüngeren Erzählung am Schluß der Schöpfungswerke. Dabei werden Mann und Frau gleichzeitig erschaffen (1. Mose 1,26-27). In der älteren Erzählung wird zunächst der Mann erschaffen und nach den Tieren dann die Frau (1. Mose 2,22-23).

Diese Unterschiede lassen sich nur erklären, wenn zwei Erzählungen vorausgesetzt werden, die unabhängig voneinander entstanden sind und auch zwei verschiedene Sichtweisen darstellen. Die beiden Erzählungen zeigen, daß die Bibel nicht auf ein bestimmtes Weltbild festgelegt ist. Sie kann ihre Botschaft durchaus in verschiedenen Weltbildern anschaulich machen.

Die jüngere Schöpfungserzählung in 1. Mose 1-2,4a staunt dankbar darüber, daß der Mensch, wenn er zur Welt kommt, alles vorfindet, was er zum Leben braucht. Sein Lebensraum ist schon da. Er muß sich den nicht erst erarbeiten. Die ältere Schöpfungserzählung 1. Mose 2,4b-25 staunt dankbar darüber, daß dieser gebrechliche, unvollkommene, gefährdete Mensch überhaupt leben kann. Er kann es, weil ihm jede Hilfe gegeben ist. — Gemeinsam ist den beiden Schöpfungserzählungen, daß sie auf das Lob Gottes zielen: „Herr, wie sind deine Werke so groß und viel! Du hast sie alle weise geordnet, und die Erde ist voll deiner Güter" (Psalm 104,24).

Die Legenden von der Geburt Jesu

Sie gehören zu den bekanntesten Geschichten der Bibel — die Erzählungen von der Geburt Jesu: das Geschehen zu Bethlehem, der Besuch der Hirten bei dem Kind, die Weisen aus dem Morgenland, der Kindermord.

Diese Geschichten sind, wissenschaftlich gesehen, Legenden. Mit „Legende" wird eine alte Erzählform oder literarische Gattung bezeichnet, die sich charakteristisch unterscheidet etwa vom Märchen oder vom Roman oder von der Reportage. Die Legende veranschaulicht eine Glaubensaussage in einem besonderen, außergewöhnlichen Geschehen.

Die Erzählungen von der Geburt Jesu beziehen sich auf den Glaubenssatz, daß Jesus von Nazareth der Sohn Gottes sei. Dieser Glaubenssatz hat seinen Ursprung nicht in der Geburt Jesu, sondern eher in seiner Auferstehung (Römer 1,4).

Erst relativ spät, nachdem das Bekenntnis zur Gottessohnschaft Jesu schon feststand, sind die Geschichten von der Geburt Jesu entstanden. Das Markusevangelium, das um 70 nach Christi Geburt geschrieben wurde, fängt mit der Taufe Jesu an, die dieser als Erwachsener von Johannes dem Täufer erhalten hat. Dagegen lassen Matthäus und Lukas ihre Evangelien, die später als Markus entstanden sind, mit der Geburt Jesu beginnen. Dabei verwenden sie je eigene Legenden.

Das Matthäusevangelium erzählt in Kapitel 2 von den Weisen aus dem Morgenland, vom Kindermord und von der Flucht nach Ägypten. Es weiß nichts von einem Befehl des Kaisers Augustus, der Josef und Maria nach Bethlehem führt, nichts davon, daß Hirten eine Engelerscheinung hatten. Davon erzählt Lukas, Kapitel 2, der wiederum das nicht kennt, was Matthäus erzählt. — Die späte Entstehungszeit der Geburtslegenden ist eine Erklärung für die großen Unterschiede, die die beiden Evangelien hier zeigen.

Die Übereinstimmung zwischen Matthäus und Lukas bei ihren Geschichten von der Geburt Jesu liegt nicht in den erzählten Umständen, sondern in der theologischen Deutung des Geschicks Jesu: Beide bringen die Geburt Jesu in Verbindung mit dessen Leidensgeschichte und Kreuzigung. Jesu Geburt wird bereits unter das Zeichen seines Endes gestellt. Sein Leben ist von Anfang an gefährdet und umstritten (keine Herberge, Krippe, Kindermord). Es steht aber auch von Anfang an unter der besonderen Obhut Gottes (Jungfrauengeburt, Flucht nach Ägypten, Engel). Jesus verdankt sich ganz und gar Gott. Wer Jesus verstehen will mit seiner Lehre, mit seinem Verhalten, mit seinem Lebensweg und in seiner Bedeutung, der muß ihn sehen in seiner Nähe zu Gott. Diese Nähe wollen Matthäus und Lukas in ihren Legenden von Jesu Geburt veranschaulichen.

Jesus, der Jungfrau Sohn

Das Neue Testament setzt voraus, daß Jesus ein Mensch aus Fleisch und Blut ist. Dazu gehört, daß er Vater und Mutter hat. Man kennt diese auch mit Namen (Johannes 6,42; Lukas 4,22; Markus 6,3). Josef und Maria heißen sie.

Schon die ersten Christen beten zu Jesus (1. Korinther 16,22). Sie würdigen ihn als Gott (Johannes 20,28; 1. Johannes 5,20). Um die Bedeutung Jesu hervorzuheben, gebrauchen sie verschiedene Ehrentitel für ihn. Zum Beispiel: „Herr", „Menschensohn", „Heiland".

Als das Christentum in die griechische Welt vordringt, übernimmt es den dort geläufigen Begriff „Sohn Gottes", um die Bedeutung Jesu zum Ausdruck zu bringen. Mit diesem Titel verbindet sich in der griechischen Welt auch die Vorstellung einer göttlichen Zeugung und Herkunft. So denken auch die Evangelisten Matthäus und Lukas. Sie nehmen diese Vorstellung in ihren Evangelien auf, wenn sie erzählen, Jesus sei vom heiligen Geist gezeugt ohne Zutun eines Mannes (Matthäus 1,18; Lukas 1,35-38). Maria habe als Jungfrau Jesus zur Welt gebracht.

Die Geschichte von der Jungfrauengeburt wird von den beiden Evangelisten erzählt, um Jesu Würde und Bedeutung herauszustreichen. Sie erklärt in einer damals für alle verständlichen und einsichtigen Form, warum Jesus „Sohn Gottes" zu nennen ist und warum man zu ihm beten kann.

In der Zeit des Alten Testaments gilt als „Jungfrau" jede Frau bis zur Geburt ihres ersten Kindes. „Jungfrau" hat da die Bedeutung von „junge Frau". In diesem Sinn spricht der Prophet Jesaja (730 v. Chr.) von einer Jungfrau, die ein Kind gebären werde mit dem Namen Immanuel (= Gott mit uns; Jesaja 7,14). Diese Ankündigung des Propheten haben die ersten Christen auf Jesus bezogen und schließlich im griechischen Verständnis gedeutet.

Wenn im Apostolischen Glaubensbekenntnis Christen sagen, daß sie an Jesus Christus glauben, den „eingeborenen Sohn" Gottes, „empfangen durch den Heiligen Geist, geboren von der Jungfrau Maria", gebrauchen sie also eine Ausdrucksweise, die in der griechischen Geisteswelt geprägt wurde und dort nicht anstößig erschien, sondern überzeugend.

Heute wird die Bedeutung einer Persönlichkeit mit anderen Begriffen und Titeln hervorgehoben. So wird Jesus von manchen zeitgemäß als „Idealist" bezeichnet oder als „Revolutionär" oder „Humanist" oder „Superstar". Jesus hat viele Titel erhalten. Offenbar ist seine einzigartige Bedeutung mit einem Begriff allein nicht zu treffen.

Jesu Herkunft und Hintergrund

Woher kommt Jesus? Diese Frage läßt sich einfach beantworten: Jesus ist aus der Stadt Nazareth; sein Vater heißt Josef, seine Mutter Maria; er ist ein Nachkomme des Königs David, der 1000 v. Chr. der bedeutendste Herrscher Israels war. Jesus war wie sein Vater von Beruf Zimmermann; er hatte mindestens vier Brüder und wenigstens zwei Schwestern (Markus 6,3).

Ist mit solchen Auskünften die Frage nach Jesu Herkunft schon beantwortet? Die Zeitgenossen Jesu, seine Anhänger und seine Gegner, gaben sich damit nicht zufrieden. Sie wollten es genauer wissen. Sie fragten deshalb nach: Wer ist der? Wie kann der so reden? Woher hat er das? Und was ist das für eine Weisheit, die ihm gegeben ist? Oder wer hat dir diese Vollmacht gegeben, daß du so etwas tun kannst?

Antworten auf diese Fragen werden in der Theologie formuliert. Die ältesten Versuche, Antwort zu geben, finden sich bereits im Neuen Testament. Paulus z.B. zitiert eine doppelte Antwort, die in der Gemeinde wohl allgemein anerkannt war (Römer 1,3-4): Jesus ist „nach dem Fleisch“ (das heißt: biographisch) ein Nachkomme des Königs David und „nach dem Geist“ (das heißt: nach göttlichem Willen) Sohn Gottes.

Diese doppelte Antwort zieht sich wie eine roter Faden durch das Neue Testament und die Lehre der Kirche. Dabei hängt das besondere Interesse daran, was Jesus nach göttlichem Willen ist. Hierin wird Jesu Eigentümlichkeit gesucht. Nicht durch seine Biographie zeichnet sich Jesus aus. Denn diese teilt er mit vielen anderen Menschen. Er zeichnet sich aus durch seine Nähe zu Gott, seine Übereinstimmung mit ihm.
Worin zeigt sich die Übereinstimmung Jesu mit Gott? — Im Neuen Testament finden sich mehrere Antworten. Paulus sagt, daß durch die Auferstehung Jesu von den Toten die Übereinstimmung mit Gott herausgekommen sei (Römer 1,4). Der Evangelist Markus nennt die Taufe, die Jesus von Johannes dem Täufer empfangen hat (Markus 1,11). Für Matthäus und Lukas ist diese Übereinstimmung bereits in der Geburt Jesu gegeben (Matthäus 1-2; Lukas 1-2). Johannes gar erkennt sie schon vor und in aller Schöpfung (Johannes 1).

Die neutestamentlichen Autoren interessieren sich wenig für Jesu Biographie, umso mehr für seine Beziehung zu Gott. Und sie stellen einmütig fest: Der Gott Israels ist mit Jesus eins. Was Jesus war, was aus ihm geworden ist, was aus ihm werden wird, das ist von Gott bestimmt. Was er gesagt hat, was er getan hat, was mit ihm geschehen ist und geschehen wird, das kommt von dem Gott, der Himmel und Erde gemacht hat. Jesus kommt her von Gott. Gott ist der Hintergrund seines Denkens, seines Redens, seines Tuns, seines Weges und seines Geschicks.

Jesus — seine Mutter und seine Geschwister

Maria wird als die Mutter Jesu im Neuen Testament mehrfach genannt. Sie war verheiratet mit einem Zimmermann aus Nazareth namens Josef. Mindestens sieben Kinder hatte sie, fünf Söhne und mehrere Töchter (Markus 6,3).

Einer der ersten christlichen Schriftsteller, der Apostel Paulus, nennt Maria in seinen Briefen kein einziges Mal, obwohl er zweimal von Jesu Geburt spricht (Galater 4,4 und Römer 1,3). — Mit einem Bruder Jesu, Jakobus, hat sich Paulus übrigens heftig gestritten (Galater 2). Dieser Jakobus hat in der christlichen Gemeinde in Jerusalem eine führende Rolle gespielt (Apostelgeschichte 15). Seine Bedeutung war offenbar so groß, daß der Verfasser des Judas-Briefes sich als Bruder des Jakobus vorstellt und nicht als Bruder Jesu (Judas 1).

Die Evangelien deuten ein eher gespanntes Verhältnis zwischen Jesus und seiner Familie an. Seine Angehörigen versuchten, Jesus festzunehmen. Denn sie glaubten, dieser sei von Sinnen (Markus 3,21).

Jesus antwortet schroff, als man ihm mitteilt, seine Mutter und seine Brüder stünden vor dem Haus und ließen ihn rufen. „Wer sind meine Mutter und meine Brüder?" Und er fügt hinzu: „Wer Gottes Willen tut, der ist mein Bruder und meine Schwester und meine Mutter" (Markus 3,31-35). Der Evangelist Johannes erzählt, wie Jesus seine Mutter bei einer Hochzeitsfeier in Kana anfährt: „Was geht's dich an, Frau, was ich tue?" (Johannes 2,4). Johannes 7,5 bemerkt auch, daß Jesu Brüder nicht an ihn geglaubt hätten.

Den Anfang einer Marienverehrung deutet der Evangelist Lukas an (11, 27-28). Jemand sagt zu Jesus: „Selig ist der Leib, der dich getragen hat, und die Brüste, an denen du gesogen hast."

Jesus wehrt freilich eine solche Verehrung ab, indem er korrigiert: „Ja, selig sind, die das Wort Gottes hören und bewahren." Nach Lukas 1,28 spricht der Engel Gabriel Maria mit den Worten an: „Sei gegrüßt, du Begnadete!" Mit dieser Legende aber ist der biographische Boden längst verlassen. Ebenso bei dem eindruckvollen Psalm, den der Evangelist Maria in den Mund legt, dem „Magnificat" (Lukas 1,46-56).

Neben den Beispielen für ein distanziertes Verhältnis zwischen Mutter und Sohn finden sich auch solche, die ihre Nähe zueinander zeigen. Nach Johannes standen Maria und eine Tante Jesu unter dem Kreuz, als er starb. Jesus habe in seiner letzten Stunde noch für seine Mutter gesorgt (Johannes 19,25-27). Lukas zählt Maria zu den Ersten der christlichen Gemeinde in Jerusalem (Apostelgeschichte 1,14).

Die Beziehung zwischen Jesus und seinem Vater, Josef, spielt im Neuen Testament nirgends eine Rolle, auch die zu seinen Schwestern nicht.

War Josef ein alter Mann?

„Die Geburt Christi", Detail — Albrecht Dürer

In vielen bildlichen Darstellungen der heiligen Familie, das heißt von Maria, Josef und dem Jesuskind, wird Josef als ein alter Mann gezeigt. Im Gegensatz zu ihm erscheint Maria als junges Mädchen. Waren Josef und Maria altersmäßig tatsächlich ein ungleiches Paar?

Darüber ist Verläßliches nicht bekannt: Die Bibel macht über das Alter von Jesu Eltern keine Angaben. Und auch sonst gibt es keine Urkunde, aus der das Alter von Josef und Maria hervorginge.

Warum wird dann aber Josef so oft als betagter Mann dargestellt und Maria als junges Mädchen? Die Künstler richten sich in ihren Bildern von der heiligen Familie nicht nach sicheren Nachrichten, sondern nach dem Dogma, das heißt nach dem Bekenntnis der Kirche zur „Jungfrau Maria". Indem sie Josef als alten Mann zeichnen, erklären sie ihn für zeugungsunfähig und schließen ihn damit als Vater Jesu aus. Indirekt unterstreichen sie so den Satz des Bekenntnisses, daß Maria Jesus durch den Heiligen Geist empfangen hat. Dieser Satz stützt sich auf die Evangelien des Matthäus und Lukas.

Aber Josef war zur Zeit der Geburt Jesu keineswegs in einem Alter, in dem er keine Kinder mehr zeugen konnte. Das belegt die Bibel eindeutig. Denn sie überliefert, daß Jesus Geschwister hatte (Markus 6,3). Und hier wird vorausgesetzt, daß Josef auch deren leiblicher Vater ist. So ist anzunehmen, daß Josef und Maria in einem Alter geheiratet haben, in dem das in ihrer jüdischen Umwelt allgemein üblich war: für den Mann im Alter zwischen 18 und 24 Jahren, für die Frau zwischen 12 und 14 Jahren.

Das Bekenntnis zur Jungfrauschaft Marias und zur Empfängnis durch den Heiligen Geist bedarf auch gar nicht des Arguments, Josef sei schon ein alter Mann gewesen. Denn dieses Bekenntnis will eine Aussage machen zum Verhältnis zwischen Jesus und Gott. Es ist keine biologische, sondern eine theologische Aussage. Diese will ausdrücken, daß Jesus und Gott eins sind und zwischen beiden nichts steht. Sie sind eines Wesens, so daß, wer zu Jesus betet, zugleich zu Gott betet.

Jesus, Ochs und Esel

„Ochs und Esel sind doch sonst immer dabei!" stellt Klaus energisch und mit einem Hauch Enttäuschung fest. Und Monika fragt: „Warum haben wir das denn an Weihnachten immer so gespielt, wenn es doch gar nicht stimmt?"

Klaus und Monika haben im Konfirmandenunterricht gerade die Geschichte von der Geburt Jesu gelesen, wie sie der Evangelist Lukas erzählt. Zuvor hatten sie die Weihnachtsgeschichte so aufgeschrieben, wie sie in ihrer Erinnerung war. Sie meinten sie genau zu kennen.

Als sie aber jetzt ihre Geschichte vergleichen mit dem, was sie in der Bibel finden, stellen sie fest, daß dort manches anders steht. Ochs und Esel zum Beispiel werden überhaupt nicht erwähnt. Und auch der Wirt, der beim Krippenspiel oft eine Hauptrolle spielt, in der er Maria und Josef als unerwünschte Ausländer oder als lästige Obdachlose zu behandeln hat, — dieser Wirt kommt in der Bibel auch nicht vor.

Der böse Wirt ist in der Phantasie der Schriftsteller entstanden. Er ist aus der anregenden Bemerkung des Evangelisten Lukas hervorgegangen, daß Maria ihr Kind deshalb in eine Krippe gelegt habe, weil „sonst kein Raum in der Herberge" war (Lukas 2,7).

Ähnlich verhält es sich mit Ochs und Esel, die fast auf jeder Darstellung der Geburt Jesu zu sehen sind. Hier legt die Erfahrung der Phantasie nahe, daß zu einer Krippe auch Tiere gehören. Aber anders als der Wirt haben Ochs und Esel bei der Krippe Jesu auch einen biblischen Hintergrund.

Über 700 Jahre vor der Geburt Jesu wirkte der Prophet Jesaja in Jerusalem. Er kritisierte die Gottlosigkeit der Bewohner, besonders der Oberschicht der Stadt, die sich in sozialen Mißständen und rechtlosen Verhältnissen zeigte. In diesem Zusammenhang sagt Jesaja (1,3): „Ein Ochse kennt seinen Herrn und ein Esel die Krippe seines Herrn; aber Israel kennt's nicht, und mein Volk versteht's nicht."

Ochs und Esel an der Krippe Jesu erinnern an dieses Wort des Propheten und sollen bezeugen, daß in dieser Krippe „der Herr" liegt: Gott. Die Tiere stehen hier für die Schöpfung, die ihren Herrn kennt.

„...geboren von der Jungfrau Maria"

„Sohn des Josef" heißt Jesus zweimal im Johannesevangelium (1,45; 6, 42). Auch Matthäus und Lukas nennen ihn gelegentlich so. Ungewöhnlich ist, daß Markus Jesus einmal als „Sohn der Maria" vorstellt (Markus 6, 3). Nach damaligem Sprachgebrauch könnte das andeuten, daß der Vater unbekannt ist. Im Stammbaum Jesu, in dem die Vaterreihe aufgeführt ist, heißt es bei Lukas 3,23 umständlich: „Jesus ... wurde gehalten für einen Sohn Josefs". Das läßt Spekulationen zu. Ebenso die Formulierung in dem Stammbaum, den Matthäus überliefert (1,16): „Jakob zeugte Josef, den Mann der Maria, von der geboren ist Jesus".

Tatsächlich berichten Matthäus und Lukas über alle übrigen neutestamentlichen Zeugen hinaus, daß Maria „schwanger war von dem heiligen Geist" (Matthäus 1,18; vgl. Lukas 1,35). Freilich wird das nicht als Feststellung eines medizinischen Befundes zu verstehen sein. Wer hätte denn eine solche treffen können 80 oder 90 Jahre nach Jesu Geburt, als Matthäus und Lukas die Geschichte von Jesus Christus aufschrieben?

Matthäus und Lukas wollen Jesus ihren Lesern vorstellen als „Sohn Gottes" von Anfang an. Für sie ist Jesus nicht bloß ein Mensch, sondern er ist der Mensch, der ganz und gar nach Gottes Willen ist, ganz und gar von Gott her lebt und sich ihm allein verdankt. Darum stellen die beiden Evangelisten schon die Schwangerschaft der Maria unter Gottes Willen und Vorhaben mit Jesus.

Dieser Jesus, darin sind sich die neutestamentlichen Autoren einig, ist nur zu verstehen in seiner Einheit mit Gott. Diese Einheit konnten sie durchaus verschieden zum Ausdruck bringen. „Jungfrauengeburt" war dabei eine Möglichkeit — allerdings eine, die die meisten neutestamentlichen Zeugen weder kannten noch gebrauchten.

Im christlichen Glaubensbekenntnis stehen zwei Aussagen nebeneinander: „empfangen durch den heiligen Geist, geboren von der Jungfrau Maria". Hier geht es um eine Aussage über Jesus — nicht über den Geist, auch nicht über Maria. „Empfangen durch den heiligen Geist" will ausdrücken, daß Jesus sein Leben, sein Wirken, sein Geschick und seine Bedeutung von Gott hat. Deshalb wird er überall im Neuen Testament „Sohn Gottes" genannt. „Geboren von der Jungfrau Maria" will dagegen hervorheben, daß Jesus als Sohn Gottes Mensch ist mit allem, was zum Menschsein gehört. Das Geborenwerden von einer Frau nennt Paulus im Brief an die Galater 4,4 als Kennzeichen des Menschen. Johannes formuliert das zugespitzt in seinem Evangelium (1,14), wenn er sagt, daß der Sohn Gottes „Fleisch" wurde.

Der Stammbaum Jesu

Jesus hatte Vorfahren. Ihre Reihe reicht weit in die Geschichte des Volkes Israel zurück. Die Evangelisten Matthäus und Lukas überliefern jeweils einen Stammbaum Jesu, der der Vaterlinie folgt. Das Problem: Die beiden Stammbäume stimmen nicht ganz überein. Zum Beispiel heißt der Opa Jesu bei Matthäus 1,16 Jakob. Bei Lukas 3,23 heißt er Eli. Das ist nicht die einzige Abweichung in den Namen. Und das ist durchaus verständlich. Denn die Stammbäume stützen sich ja nicht auf standesamtliche Geburtsurkunden oder auf entsprechende Register. Sie folgen nicht einmal den Angaben des Alten Testaments.

Bei genauerem Hinsehen zeigt sich, daß die beiden Evangelisten mit den Stammbäumen Jesu nicht Ahnenforschung betreiben, sondern etwas ganz anderes zeigen wollen. Matthäus weist am Schluß seines Stammbaums auf dessen Ordnung hin: 14 Generationen von Abraham bis David, 14 Generationen von David bis zur babylonischen Gefangenschaft, 14 Generationen von der babylonischen Gefangenschaft bis Jesus. Diese Ordnung hat Matthäus künstlich geschaffen; er will damit schon am Anfang seines Evangeliums auf die göttliche Fügung der Geschichte Jesu deuten und Jesus herausstellen als die Abrundung oder Erfüllung der Geschichte Israels. Diese Geschichte hat begonnen mit der Erwählung Abrahams, des Stammvaters Jesu (1. Mose 12,1-3; Matthäus 1,2).

Im Stammbaum bei Matthäus werden vier Frauen erwähnt: Tamar, Rahab, Rut und die Frau des Uria. Alle vier gehören zu nicht-jüdischen Volksstämmen. Tamar und Rahab galten als Prostituierte. Bathseba, die Frau des Uria, hat mit David die Ehe gebrochen. Matthäus will damit sagen: Jesu Geschichte ist mit der sündigen Geschichte des Menschen verbunden. Und die Völker, die am Schluß des Evangeliums durch den Befehl zur Mission angesprochen werden, sind schon ganz am Anfang, eben im Stammbaum Jesu, in den Blick genommen. Jesus, der aus der Mitte der Geschichte Gottes mit Israel kommt, gehört doch nicht diesem Volk allein.

Lukas führt den Stammbaum Jesu über Abraham hinaus bis auf Adam zurück und stellt dann fest, daß dieser von Gott war (Lukas 3,38). Er konstruiert also eine Verbindung von Jesus zu Gott. Diese Verbindung läuft wohl über die Geschichte Israels. Sie reicht aber über diese hinaus in die Urgeschichte Gottes mit den Völkern, ja sogar bis in die Schöpfung. Für Lukas ist also wichtig: Jesus gehört zur Geschichte Gottes mit Israel, zur Geschichte Gottes mit den Völkern, zur Geschichte Gottes seit der Schöpfung.

Johannes der Täufer

Eine Figur wie für den Film erfunden: Er trägt ein Gewand aus Kamelhaar und einen ledernen Gürtel, ernährt sich von Heuschrecken und wildem Honig. Den Regierenden schleudert er seine Kritik unverblümt ins Gesicht. In moralischen Fragen kennt er keinen Kompromiß. Das bringt ihn ins Gefängnis. Die Intrige zweier Frauen, deren Schönheit weltbekannt ist, kostet ihn das Leben. So berichten es die Evangelien.

Wer ist dieser Mann mit Namen Johannes und Beinamen „der Täufer"? Die ältesten Berichte über ihn finden sich im Neuen Testament und bei dem jüdischen Schriftsteller Josephus (37 — ca. 100 n. Chr.). Aber diese Berichte sind tendenziös. Josephus macht aus Johannes einen Lehrer des Guten. Das Neue Testament ist bemüht, ihn Jesus gegenüber als zweitrangig darzustellen. Dennoch enthalten die Berichte auch zuverlässige Informationen über Johannes.

Er stammt aus einer Priesterfamilie. Über seine Kindheit und seinen Werdegang ist nichts Stichhaltiges bekannt. Wenige Jahre, bevor Jesus in der Öffentlichkeit zu wirken beginnt, tritt Johannes auf wie einer der großen Gerichtspropheten des alten Israel.

In der Wüste am unteren Jordan verkündet er seine Botschaft. Seine Kleidung und Nahrung ist die der Beduinen dieser Gegend und deutet nicht unbedingt auf ein asketisches Leben. In seiner Botschaft (Matthäus 3,1-12) ruft Johannes zu einer radikalen Umkehr auf; seine Zuhörer sollen ihren Lebenswandel bessern und ihre religiöse Selbstsicherheit aufgeben. Das Weltgericht werde bald dasein; ein „Stärkerer" als er werde es ausüben. Eigentümlich ist bei Johannes die Taufe, die er im Jordan an denen vollzieht, die ihre Umkehr beschließen. Sie ist als Besiegelung der Umkehr zu verstehen und nicht als eine rituelle Waschung, die sich auch sonst in den Religionen findet.

Auch Jesus läßt sich von Johannes taufen. Ob er sich länger bei ihm aufgehalten hat, ob er bei ihm sozusagen in der Schule war, ist ungewiß und fraglich. Daß zwischen beiden eine Beziehung bestanden haben muß, steht wohl fest. Wieweit diese aber ging, ist nicht mehr zu klären. Das Neue Testament läßt erkennen, daß es zwischen Johannesjüngern und Jesusjüngern gewisse Rivalitäten gab (Markus 2,18; Apostelgeschichte 19,1-7).

Herodes Antipas, Fürst in Galiläa und Peräa, ließ Johannes hinrichten, wahrscheinlich aus politischen Gründen. Das läßt Josephus schließen; nach seiner Darstellung befürchtete Herodes, daß unter dem Einfluß des Johannes ein Aufstand ausbrechen könnte.

Die Jünger Jesu

Die Leute liefen zusammen, wenn Jesus in ihre Gegend kam. Sie wollten ihn hören, sich von ihm heilen lassen, seine Wunder bestaunen. Eine große Anhängerschaft begleitete Jesus auf seinem Weg. Manchmal bedrängte sie ihn, wurde ihm gar lästig (Markus 3,7-12). Anhängerschaft ist noch keine Jüngerschaft. Fans sind noch keine Nachfolger.

Zur Begleitung Jesu gehörten auch Frauen; sie waren es, die zu seinem Lebensunterhalt beitrugen (Lukas 8,1-3). Einige von ihnen werden von den Evangelisten namentlich genannt: Maria aus Magdala, Johanna, die Frau des Chusa, eines Verwalters des Herodes, Susanna (Lukas 8,3), Maria, die Mutter des Jakobus (Matthäus 27,56), und Salome (Markus 16, 1).

Zur engeren Umgebung Jesu zählen die zwölf Jünger, deren Namen allerdings in den Evangelien nicht ganz übereinstimmen (Markus 3,16-19; Lukas 6, 14-16). Jünger sind im Grunde Schüler. Das Neue Testament berichtet, die Pharisäer hätten Jünger gehabt, ebenso Johannes der Täufer (Markus 2,18) und Paulus (Apostelgeschichte 9,25). Jünger schlossen sich dem Lehrer ihrer Wahl an, hörten seinen Vorträgen über das rechte Verständnis des Gesetzes (= Altes Testament) aufmerksam zu und stellten Fragen an ihn. Ganzes Bestreben des Schülers war es, sich das Wissen und Verhalten des Lehrers anzueignen.

Die Jünger Jesu unterscheiden sich jedoch wesentlich von anderen Rabbi-Jüngern: Jesus beruft sich seine Jünger (Markus 1,17; 2,14). Auf seine Initiative hin werden Menschen zu Jüngern. Bei den Rabbinen ist das umgekehrt: Wer Jünger werden will, muß sich selbst darum bemühen, muß erst zeigen, daß er dessen würdig ist. Jesus dagegen macht Menschen förmlich von der Arbeit oder von der Straße weg zu Jüngern (Markus 1, 16-17). Und manchmal sind das Leute, die eher den Gegenbeweis dafür erbracht haben, daß sie zu Jesus passen (Markus 2, 13-17).

Was die Jünger mit Jesus verbindet, ist dessen Person. Nicht die Lehre Jesu spricht sie an, sondern er selbst. Als Jesus am Kreuz hingerichtet wird, sind die Jünger niedergeschlagen und enttäuscht (Lukas 24, 13-21). Und es ist jetzt nicht die Erinnerung an Jesu Lehre, die sie tröstet und zu Trägern seiner Sache macht. Sondern die erneute Begegnung mit Jesu Person stimmt sie um und läßt sie wieder Mut und Hoffnung fassen. Und so treten die Jünger dann auch vor die Öffentlichkeit, indem sie verkündigen: Jesus ist auferstanden von den Toten, er ist erschienen. Sie lehren jetzt nicht die Lehre Jesu, sondern bezeugen, daß er ihnen begegnet ist, sie erneut angesprochen hat, und daß sie an ihn glauben. Sie werden nicht Lehrer, sondern bleiben Jünger, die mit ihrem ganzen Tun und Denken an Jesus gebunden sind.

Judas der Verräter?

Der Verräter Judas gehört zu bekanntesten der zwölf Jünger Jesu. Der Beiname „Iskariot" weist vermutlich darauf hin, daß er aus der judäischen Ortschaft Keriot stammte. Judas wäre dann der einzige unter den Jüngern, der nicht wie Jesus selbst aus Galiläa stammte. Nach dem Neuen Testament hat Judas Jesus an dessen Gegner, die ihn töten wollten, ausgeliefert (Markus 14,43-46).

Es ist schon erstaunlich, daß diese anrüchige Tat nicht verschwiegen und Judas aus der Liste der Jünger nicht gestrichen wurde. Dort wird er stets aufgeführt — sogar mit der Kennzeichnung „der ihn verriet" (Markus 3,19). Das hätte den Christen selbst leicht zur Belastung werden können („Seht, ihr seid auch nicht besser!"). Das peinliche Verhalten des Verräters wird unmöglich erfunden sein. Denn es stellte ein Problem dar, das die christliche Gemeinde zu verarbeiten hatte.

Aus dem ältesten der Evangelien, Markus, ist über Judas zu erfahren, daß dieser zu den Hohenpriestern gegangen sei, um Jesus an sie auszuliefern. Dazu habe er eine günstige Gelegenheit gesucht. Die Hohenpriester hätten ihm Geld für die Tat versprochen. Mit einem bewaffneten Trupp sei Judas im Garten Gethsemane bei Jerusalem Jesus entgegengetreten, habe ihn angesprochen und geküßt. Der Kuß sei das verabredete Zeichen zur Verhaftung gewesen.

Die anderen Evangelisten berichten das im großen und ganzen ähnlich. Nach Matthäus redet Jesus bei seiner Verhaftung den Judas an mit den Worten: „Mein Freund, tu, wozu du gekommen bist!" (Matthäus 26,50). Judas habe seine Tat später bereut, das empfangene Geld zurückgegeben und sich erhängt (Matthäus 27,3-10). Daß Judas ein tragisches Ende fand, deutet auch die Apostelgeschichte (1,18) an. Am ausführlichsten befaßt sich das Johannesevangelium mit Judas: Sohn eines Simon sei er gewesen (Johannes 13,2). Er habe die Jünger-Kasse geführt und Geld unterschlagen (12,6). Jesus habe ihn frühzeitig als Verräter entlarvt, worauf Judas weggegangen sei (13,21-30). Er sei vom Satan besessen gewesen (6,70-71; 13,27; so auch Lukas 22,3).

Die junge christliche Gemeinde versucht, den Verrat des Judas zu verstehen und ihm einen Sinn zu geben. Im Entscheidenden steht Judas für sie im Dienst Gottes und nicht des Satans. Der Verrat geschieht mit dem Wissen Jesu, ja sogar auf dessen Aufforderung hin (Matthäus 26, 50; Johannes 13,26-27), damit das Heil geschehen kann. Denn Jesus bleibt in seiner Liebe Menschen und Gott treu bis in den Tod.
Der Schriftsteller Walter Jens hat 1975 unter dem Titel „Der Fall Judas" eine glänzend geschriebene Verteidigung des Judas Iskariot verfaßt.

Der Bußruf Jesu

„Die Zeit ist erfüllt, und das Reich Gottes ist herbeigekommen. Tut Buße und glaubt an das Evangelium." Das ist der Kern der Botschaft, mit der Jesus an die Öffentlichkeit tritt (Markus 1,15).

Jesus steht mit dieser Botschaft in der Tradition der großen Propheten Israels. Immer wieder haben diese ihr Volk aufgefordert, zu Gott zurückzukehren und abzulassen von Unrecht, von Ausbeutung der Armen, von der Verehrung anderer Götter, von verhängnisvoller Bündnispolitik. Stets verbanden die Propheten ihren Aufruf zur Buße mit der Drohung, daß sonst das Gericht Gottes und der Untergang Israels unweigerlich kommen werden.

In diesem Punkt aber unterscheidet sich Jesus von den Propheten Israels: Sein Ruf zur Buße ergeht nicht angesichts einer großen Gefahr. Jesus droht nicht den Untergang an. Der Hintergrund seines Bußrufs ist nicht düster, er ist hell: „Die Zeit ist erfüllt, und das Reich Gottes ist herbeigekommen."

Weil das Reich Gottes, Gott selber, da ist, darum sollen die Menschen Buße tun. Die Zeit ist erfüllt — nicht, weil keine Zeit mehr wäre, sondern weil etwas Umwälzendes, Letztes geschehen ist: Gott ist da, sein Reich ist herbeigekommen.

Es ist nicht so, daß Jesus einem Ertrinkenden gerade noch im letzten Augenblick einen Rettungsring zuwirft. Sondern: Die Rettung ist schon da — und nun ruft er dazu auf, das neu geschenkte und eröffnete Leben zu ergreifen: Glaubt an das Evangelium, glaubt an eure Rettung, haltet euch daran fest, daß Gott da ist, der an euch festhält.

Buße geschieht demnach im Zeichen der Freude und nicht der Trauer, im Zeichen der Freiheit und nicht der Angst. Jesu Aufruf zur Buße hat den Charakter einer freundlichen Einladung und nicht den eines Befehls oder einer Drohung.

Wer den Bußruf Jesu hört und ihm folgt, nimmt damit einen Herrschaftswechsel vor: Er oder sie tritt über in das Reich, das heißt unter die Herrschaft des Gottes, der mit Jesus verbunden ist, der mit Jesus sich in die Welt eingemischt hat und mit ihm ganz und gar eins ist. Jesu Ruf zur Buße ist die Einladung, sich Gott ganz anzuvertrauen, sich von ihm regieren zu lassen, auf ihn zu setzen, seine Zusagen anzunehmen und seinen Geboten zu folgen: ganz von Gott her zu leben für diese Welt.

Die neue Frömmigkeit nach der Bergpredigt

Das Christentum ist aus dem Judentum hervorgegangen, die Kirche aus der Synagoge. Die Kirche konnte nicht Synagoge bleiben, das Christentum nicht Judentum. Das wurde deutlich, je mehr Heiden aus der griechischen und römischen Welt Christen wurden. Die Christen mußten von ihrem Glauben an Jesus Christus her eine eigene Lebensordnung finden, eine eigene Gestalt ihres Gottesdienstes, eigene Ausdrucksformen ihres Glaubens. Im Neuen Testament gibt es viele Hinweise für diese Notwendigkeit und auch für erste Lösungsversuche.

Ein besonderes Beispiel liefert der Evangelist Matthäus mit der Bergpredigt (Matthäus 5-7). Im Kapitel 6 seines Evangeliums läßt er Jesus Stellung nehmen zu den drei wichtigsten jüdischen Frömmigkeitsübungen: Almosengeben, Beten und Fasten. Matthäus stellt hier die Aussagen Jesu unter die Überschrift „Werke eurer Gerechtigkeit" (Matthäus 6,1).

Zunächst das Almosengeben: Nach jüdischer Tradition erlöst das Almosengeben vom Tode, es tilgt die Sünde und führt zum ewigen Leben (Tobias 12,9). „Almosengeben" steht dabei für jegliche Wohltätigkeit. Nach Matthäus 6,2-4 lehnt Jesus das Almosengeben nicht grundsätzlich ab. Er kritisiert es aber, wenn es geschieht, „um von den Leuten gepriesen zu werden". Solche Kritik war nicht neu. Jesus, bzw. Matthäus, bestätigt sie. Aber er ist doch auch radikaler: Die linke Hand soll nicht wissen, was die rechte tut. Das heißt: Die „neue Frömmigkeit" in der Wohltätigkeit ist ohne Hintergedanken und zielt nicht auf Belohnung.

In der „neuen Frömmigkeit" steht der Mensch mit leeren Händen vor Gott: als einer, der alles empfangen hat und empfängt. Diese Frömmigkeit ist eine Praxis aus Dank und nicht aus dem Trieb, etwas haben oder gewinnen zu wollen.

Entsprechendes sagt der Jesus der Bergpredigt auch zum Beten und Fasten: Das Beten ist kein Mittel, um bei Gott etwas zu erreichen. „Denn euer Vater weiß, was ihr nötig habt, bevor ihr ihn bittet" (Matthäus 6,8). Das Gebet ist selbst schon Gabe Gottes. Und Gott bleibt der freie Geber. Im Gebet erbringt der Mensch weder eine Leistung noch verdient er sich damit einen Anspruch. In der „neuen Frömmigkeit" ist er auch als Beter nur Empfänger, nicht Macher. — Dem Fasten gibt Jesus nach der Bergpredigt einen neuen Sinn: Man soll sich dazu salben und waschen, d. h. vorbereiten wie zu einem Fest. Das Fasten soll Ausdruck der Freude sein über Gottes Güte und Gabe. Es ist das dankende Verhalten dessen, der von Gott schon alles bekommen hat.

Die „neue Frömmigkeit" nach der Bergpredigt zielt nicht auf irgend eine Wirkung. Sie zeigt vielmehr den Menschen als einen Beschenkten und Empfangenden, nicht als einen, der von Gott etwas verdient oder von ihm etwas zu beanspruchen hätte.

Zum Gebrauch der Bergpredigt

In steter Regelmäßigkeit gerät die Bergpredigt (Matthäus 5-7) in den Schlagabtausch politischer Auseinandersetzungen. Zuletzt in den achtziger Jahren im Zusammenhang mit dem Streit um den NATO-Doppelbeschluß. Auslegungen der Bergpredigt erzielten da hohe Auflagen. Vor allem Pazifisten berufen sich in ihrem moralischen Anspruch auf die Bergpredigt. Dabei ist dort nicht nur von den Friedensstiftern und von der Feindesliebe die Rede, sondern z. B. auch von den Unmündigen in religiösen Dingen (Matthäus 5,3), von der Ehescheidung, vom Almosengeben, Fasten, Richten und Beten.

Was für den Gebrauch der Bibel überhaupt gilt, trifft für die Bergpredigt im besonderen zu: Die Bibel ist zu verstehen als „die Liebesgeschichte Gottes mit dem Menschen“ (E. Rosenstock-Huessey) — und nicht als ein Vorschriftenkatalog, aus dem für jede Situation und jedes ethische Problem die einzig richtige und eindeutige Antwort in Form eines Zitats zu entnehmen ist.

Die Bergpredigt ist so, wie wir sie heute nachlesen können, nie von Jesus gehalten worden. Das zeigt sich unter anderem daran, daß Teile aus ihr in den Evangelien von Markus und Lukas in ganz anderen Zusammenhängen vorkommen. Die Bergpredigt ist vielmehr eine literarische Komposition des Evangelisten Matthäus. Dieser hat hier mit Worten Jesu, mit Weisungen, Mahnungen und Verheißungen aus der christlichen Verkündigung sowie mit eigenen Worten eine Art Katechismus geschaffen. Dieser Katechismus sollte der Gemeinde als Orientierung dienen auf ihrem Weg in jüdischer und heidnischer Umgebung. Matthäus hat dabei Jesus nicht nur zitiert, sondern er hat dessen Worte in der Freiheit seines Glaubens ausgelegt auf seine Zeit und Verhältnisse hin.

So ist die Bergpredigt nicht ureigenes Wort Jesu, sondern das aktuelle Zeugnis eines Christen. Damit hat sie ihre Parallele in erster Linie in den Briefen des Neuen Testaments, z.B. in denen des Paulus.

Die Bergpredigt ist gewiß kein Handlungskonzept, das für alle Welt gelten könnte und deshalb auch von aller Welt zu fordern wäre. Sie ist vielmehr das Zeugnis einer Gemeinde, die ihren Weg im Glauben an die Macht Jesu Christi zu gehen versucht. Nicht Politik kann diesen Weg gehen, aber der betende Glaube, der aus dem Wort Jesu Christi seine Freiheit, seine Hoffnung und seine Liebe bezieht. Die Bergpredigt kommt nicht dort zur Geltung, wo sie Gesetz ist, sondern da, wo sie solchem Glauben den Weg bereitet. Nicht im weltlichen Staat hat sie ihre Institution, sondern in der Gemeinde, die an Christus hängt.

Die drei ersten Evangelien im Vergleich

Matthäus, Markus und Lukas werden in der Wissenschaft „Synoptiker" genannt. Denn ihre Evangelien zeigen bei einer „Zusammenschau" (griechisch: „Synopse") auffallende Parallelen. Sie entsprechen sich im Aufbau, haben gemeinsame Stücke meist auch in der gleichen Reihenfolge und stimmen an vielen Stellen sogar im Wortlaut überein. Trotzdem hat jeder Evangelist auch seine Spezialitäten und charakteristischen Merkmale. — Wie sind die Parallelen und wie sind die Unterschiede zu erklären?

Markus gilt als der erste Verfasser eines Evangeliums. Nach allgemeiner Auffassung hat er bald nach dem Jahr 70 n. Chr. geschrieben. Vereinzelt wird das Evangelium auch wesentlich früher datiert. Nach einer kurzen Einleitung berichtet Markus gleich von der Taufe Jesu und von dessen Wirken in Galiläa (Markus 1-9). In Kapitel 10 zeigt er Jesus auf dem Weg von Galiläa nach Jerusalem. Den Schlußteil des Evangeliums (Kapitel 11-16) bilden der Aufenthalt Jesu in Jerusalem, Jesu Leiden und Kreuzigung sowie ein knapper Bericht von seiner Auferstehung.

Dieser Gliederung folgen auch Matthäus und Lukas. Allerdings enthalten ihre Evangelien noch Stücke, die Markus nicht hat. Dazu gehört z.B das Vaterunser (Matthäus 6,9-13/Lukas 11,2-4). Außerdem bieten Matthäus und Lukas noch je eigene Stücke als sogenanntes „Sondergut" — so beispielsweise bei Matthäus 25,31-46 das Gleichnis vom Weltgericht und bei Lukas 15, 11-32 das Gleichnis vom verlorenen Sohn.

Die Übereinstimmung im Aufbau, in der Reihenfolge des gemeinsamen Stoffes sowie im Wortlaut der Synoptiker wird durch die „Quellentheorie" erklärt. Diese besagt: Das Markusevangelium war Matthäus und Lukas bekannt und hat diesen als Vorlage gedient; außerdem haben Matthäus und Lukas noch eine weitere Vorlage benutzt, aus der die Stücke kommen, die nur in deren Evangelien zu finden sind, die also bei Markus fehlen. Diese Vorlage wird „Logienquelle" genannt. Das jeweilige Sondergut des Matthäus und Lukas stammt aus Quellen, die nur dem einen oder dem anderen Evangelisten zur Verfügung standen. Auch Markus dürfte Vorlagen benutzt haben. Das läßt sich daraus schließen, daß manche Stücke doppelt vorkommen (z.B. Markus 6,30 - 44/8,1-9).

Die Quellen, auf die die Evangelisten zurückgegriffen haben, sind naturgemäß wesentlich älter als die Evangelien und dürften zum Teil dicht an die Jesuszeit heranreichen. Markus, Matthäus und Lukas haben ihre Vorlagen nicht einfach abgeschrieben, sondern nach besonderen Gesichtspunkten bearbeitet. So ist das Zeugnis der Evangelien vielfältig und auch von persönlichem Glauben geprägt. Das vierte Evangelium, Johannes, fußt weithin auf anderen Vorlagen als die ersten drei. Inhaltlich und sprachlich weicht es weit von den Synoptikern ab.

Staat und Politik im Neuen Testament

Für das Neue Testament ist „Staat und Politik“ kein Thema, das besondere Aufmerksamkeit gefunden hätte. Denn die Christen kamen aus den unteren Volksschichten, die an der staatlichen Macht nicht beteiligt waren. Außerdem rechneten sie damit, daß die Herrschaft Gottes sehr bald anbrechen würde: Das erübrigte politisches Engagement.

Der Evangelist Lukas war wohl der erste, der mit einer längeren Geschichte rechnete und deshalb auch dem politischen Geschehen mehr Beachtung schenkte. Bei ihm findet sich der Grundsatz: „Man muß Gott mehr gehorchen als dem Menschen“ (Apostelgeschichte 5,29). Nach diesem Grundsatz konnten sich die frühen Christen sowohl auf den Kaiser berufen (Apostelgeschichte 25,9-12) als auch Widerstand gegen die Obrigkeit leisten (Apostelgeschichte 4,13-22).

Aufschlußreich werden die spärlichen Aussagen des Neuen Testaments zu Staat und Politik, wenn man sie mit den geistigen Strömungen der damaligen Zeit vergleicht. Viele Juden neigten dazu, vom Zustand des heidnischen Staates die Nähe der Herrschaft Gottes abzuleiten: Je chaotischer die Zustände seien, desto näher sei Gott mit seiner Herrschaft. Regierungsgewalt und Politik standen unter dem Verdacht, widergöttlich zu sein. — Ganz anders in der hellenistischen Welt: Hier erwarb das Wohlgefallen der Götter, wer die Gesetze des Staates achtete. An den Kaiser knüpfte man Heilserwartungen. Sein Regierungsantritt wurde deshalb als „Evangelium“ verkündet. Der Kaiser erwartete und erfuhr göttliche Verehrung.

Ganz anders im Neuen Testament: Hier herrscht eine viel nüchternere Einstellung zu Staat und Politik. Für Jesus stehen Politik und Reich Gottes in keinem Zusammenhang. Darum hat der Staat auch keine Bedeutung für das Heil der Menschen. Jesus will keine Vermischung von Kaiserreich und Gottesreich. Es gilt, dem Kaiser zurückzugeben, was dem Kaiser gehört, und Gott, was Gott gehört (Markus 12,17). Jesus verteufelt den Staat nicht, er vergöttert ihn aber auch nicht.

Gegenüber solchen Christen, die der Welt und staatlicher Ordnung keinerlei Bedeutung mehr beimessen, weil ja das Heil schon in Christus gegeben ist, hält Paulus daran fest, daß die Christen den staatlichen Behörden Folge zu leisten haben (Römer 13,1-7). Der Standort der Christen ist nicht jenseits von staatlicher Ordnung, politischen Machtverhältnissen und den Bedingungen der Welt, sondern in diesen drin und ihnen untertan. Christen leben ihren Glauben in den Strukturen der Welt, auch wenn diese vorläufig sind (1. Korinther 7,31).

Frei von Vergötzung und Verteufelung von Staat und Politik, frei von Weltergebenheit und Weltflucht, sind Christen aufgefordert, den Dienst der Liebe — unter welchen Bedingungen auch immer — zu tun.

Die Hinrichtung Jesu

Das sicherste Datum der Biographie Jesu ist seine Hinrichtung. Jesus wurde durch Kreuzigung getötet. Die näheren Umstände, die zu seiner Verurteilung und zur Vollstreckung des Urteils geführt haben, sind mit den vorhandenen Quellen nicht ganz zu klären.
Aus den Schriften des Neuen Testaments geht hervor, daß sich Jesus mit seinen Reden und Taten nicht nur Freunde gemacht hat. Pharisäer, Sadduzäer, Schriftgelehrte werden wiederholt als Gruppen genannt, deren Mißfallen er auf sich gezogen hat. Das Recht und die Macht, einen Menschen hinzurichten, hatten sie aber nicht (Johannes 18,31). Die Vollstreckung der Todesstrafe war zur Zeit Jesu allein dem römischen Statthalter vorbehalten. Dennoch gibt es Beispiele (Stephanus, Apostelgeschichte 7), bei denen es die Römer zumindest geduldet haben, daß auch jüdische Instanzen die Todesstrafe verhängten und vollzogen. Im Judentum erfolgte die Hinrichtung durch Steinigung.

Die Kreuzigung war eine typisch römische Hinrichtungsmethode. Sie galt im Altertum als die grausamste und schändlichste Strafe. Die Römer wandten sie nur bei Sklaven und Aufständischen an. Der Verurteilte wurde mit Stricken rückwärts an dem aufgestellten Kreuz hochgezogen und dann im Hängen angenagelt. Manchmal wurde er auch auf das liegende Kreuz genagelt, das dann aufgerichtet wurde. Der Gekreuzigte war entkleidet und schutzlos der Witterung ausgesetzt. Bis zu 24 Stunden dauerte der Todeskampf. Von Jesus heißt es, daß er starb, noch ehe der Tag verging (Markus 15,42-45).

Die Tatsache, daß Jesus gekreuzigt wurde, setzt voraus, daß die Römer irgendwie am Todesurteil beteiligt gewesen sein müssen. Dafür ergeben sich aus den Evangelien zwei Gründe: Der römische Statthalter Pilatus wollte den Juden, die zu Aufständen neigten, einen Gefallen tun und sie damit beruhigen (Markus 15,6-15), oder er sah in Jesus einen, der die römische Herrschaft in Frage stellte. Dabei war möglicherweise von Bedeutung, daß jüdische Stellen Jesus bei Pilatus angezeigt haben mit der Aussage, Jesus beanspruche, König der Juden zu sein (Markus 15,1-2; Johannes 18,28 — 19,22).

In theologischer Hinsicht ist wichtig, daß weder für Juden noch für Römer ein Gekreuzigter etwas mit Gott zu tun haben konnte. Ein Gekreuzigter galt als von Gott verflucht. Die Christen aber sehen in dem gekreuzigten Jesus von Nazareth den Sohn Gottes — also den, der wie kein anderer mit Gott verbunden ist. Wie töricht das erschien, zeigt die älteste bekannte Darstellung von der Kreuzigung Jesu: Ein Mann blickt zu einem gekreuzigten Esel auf. Dabei steht als Unterschrift: „Anaxamenos betet seinen Gott an“.

Wer ist schuld an Jesu Tod?

Man hat sie „Gottesmörder" gescholten und sie deshalb jahrhundertelang verfolgt: die Juden. Sind sie wirklich schuld an Jesu Tod?

Die Evangelien des Neuen Testaments geben darauf eine eindeutige Antwort: Die Hinrichtung Jesu wurde von den Römern vollzogen (Markus 15). Im Prozeß gegen Jesus hatte der Vertreter des römischen Kaisers, Pontius Pilatus, das entscheidende Wort zu sprechen. Gegen die Zustimmung des Pilatus und ohne maßgebliche Beteiligung der römischen Besatzungsmacht in Palästina hätte die Kreuzigung nicht stattfinden können. Vermutlich wurde Jesus von den Römern für einen Widerstandskämpfer gegen ihre Besatzung gehalten.

Von sich aus wären die Römer wohl kaum darauf gekommen, Jesus zu kreuzigen. Nach den Evangelien ging die Initiative zum Prozeß gegen Jesus von den maßgeblichen religiösen Gruppierungen des Judentums und von deren Vertretern aus (Markus 14,1). Was für diese im einzelnen der Anlaß war, einen Volksgenossen bei den verhaßten Römern anzuzeigen und seine Hinrichtung zu fordern, ist nicht eindeutig zu ersehen. Die Evangelien nennen verschiedene Anklagepunkte gegen Jesus: Er habe erklärt, er wolle den Tempel in drei Tagen abbrechen und in drei Tagen einen neuen bauen (Markus 14,58); er lästere Gott, weil er sich für den Christus bzw. Sohn Gottes halte (Markus 14,64); er hetze das Volk auf; er verbiete, dem Kaiser Steuern zu zahlen (Lukas 23,2), und behaupte, König der Juden zu sein (Markus 15,2). — Als Mißverständnis und als falsche Anschuldigung mag das alles gelten. In anderen Fällen haben solche jedoch nicht zur Hinrichtung geführt. Das gilt auch für die Gesetzesübertretungen, die Jesus z.B. gegen das Gebot der Sabbatruhe begangen hat (Markus 2,23-28; 3,1-6).

Die Evangelien ziehen den Kreis der Personen, die mitverantwortlich sind für Jesu Tod, noch weiter bis in den Jüngerkreis hinein: Judas hat Jesus an seine Gegner ausgeliefert (Markus 14,43-45).

Das Neue Testament sieht die Gründe für Jesu Verurteilung und Hinrichtung aber nicht nur in dem Verhalten und in dem Haß einzelner Personen oder Gruppen. Der entscheidende Grund liegt im Wesen des Menschen: in seiner Sünde (Römer 3,9-12.23). Darum wird mehrmals erklärt, daß Jesus für „unsere Sünden" gestorben ist (Galater 1,4; Römer 4,25; 1. Petrus 2,24). Die Sünde ist das Bestreben des Menschen, Gott aus seinem persönlichen Leben und aus dem Geschehen in der Welt fernzuhalten. Die Sünde ist der Drang des Menschen, sein eigener Gesetzgeber zu sein und das Gesetz Gottes nicht gelten zu lassen. An Jesu Leiden und Tod erkennen Christen darum auch ihr eigenes gottfeindliches Wesen und ihre Schuld.

INRI

Die vier Evangelien des Neuen Testaments berichten, daß an dem Kreuz, an dem Jesus gestorben ist, ein Schild angebracht war mit der Aufschrift: „Jesus von Nazareth, König der Juden“. Lateinisch lautet die Aufschrift: „Iesus Nazarenus Rex Iudaeorum“. Dafür stehen bei bildlichen Darstellungen zumeist nur die Anfangsbuchstaben der vier lateinischen Wörter: INRI.

Im Johannesevangelium wird mitgeteilt, daß die Hohenpriester der Juden den römischen Statthalter in Judäa, Pontius Pilatus, gebeten haben, den Text auf dem Schild zu ändern in dem Sinn, es sei Jesu Behauptung, König der Juden zu sein. Pilatus soll darauf geantwortet haben: „Was ich geschrieben habe, das habe ich geschrieben“ (Johannes 19,22). Diese Antwort entspricht der rücksichtslosen Weise, mit der Pilatus nach dem Zeugnis von Zeitgenossen auch sonst den Juden begegnet ist.

Pilatus wollte Jesus mit der Aufschrift gewiß nicht ehren. Eher gilt, daß er ihn und damit zugleich auch die Juden hat verspotten wollen. Er wollte auf zynische Weise vorführen: Seht, so einen elenden König habt ihr! In den Evangelien aber sagt das Schild, das nach römischem Brauch den Grund der Hinrichtung nennen soll, die Wahrheit.

Juliane Warnke 6Jare

Was als Spott gedacht war, muß der Wahrheit dienen. Die Heiden und die Feinde Jesu werden gegen ihre Absicht zu Zeugen dafür, was Jesus am Kreuz in Wahrheit ist. Der Evangelist Johannes unterstreicht das besonders. Nach ihm war das Schild in drei Sprachen abgefaßt: in Hebräisch, der Landessprache, in Lateinisch, der Amtssprache, und in Griechisch, der Weltsprache. Jesus ist demnach nicht nur der König der Juden, sondern auch der König über die römische Weltmacht und der König der Völker. So verkünden die vier Buchstaben über dem Kreuz in Kurzfassung, was christlicher Glaube von Jesus sagt.

Markus zur Auferstehung Jesu

Das Markusevangelium, das in den 70er Jahren des ersten Jahrhunderts geschrieben wurde, ist das älteste der vier Evangelien im Neuen Testament. Es endet mit einem knappen Bericht über das Geschehen am Ostermorgen (Markus 16,1-8; die Verse 9—20 sind später angefügt worden).

Markus berichtet, daß drei Frauen, die Jesus schon in seiner Heimat Galiläa begleitet haben, am Morgen nach dem Sabbat zum Grab Jesu gehen, um dessen Leichnam zu salben. Unterwegs machen sie sich Gedanken, wer ihnen den Stein vor der Grabkammer, die in einen Felsen gehauen ist, wegwälzen werde. Als sie ankommen, bemerken sie, daß der Stein schon entfernt ist. Und als sie in die Grabkammer gehen, sehen sie einen Engel (Jüngling in weißem Gewand), der ihnen sagt: „Entsetzt euch nicht! Ihr sucht Jesus von Nazareth, den Gekreuzigten. Er ist auferstanden, er ist nicht hier.'' Der Engel gebietet den Frauen, zu den Jüngern zu gehen und ihnen auszurichten, daß Jesus ihnen nach Galiläa vorausgehen werde und daß sie ihn dort sehen werden. Dann schließt Markus mit der Mitteilung: „Und sie gingen hinaus und flohen von dem Grab; denn Zittern und Entsetzen hatte sie ergriffen, Und sie sagten niemand etwas; denn sie fürchteten sich.''

Bemerkenswert ist die Rolle der Frauen in diesem Osterbericht. Frauen sind hier die ersten, die von der Auferstehung Jesu erfahren und — trotz der abschließenden Feststellung des Markus — von dieser auch reden. Im damaligen Judentum galt das Zeugnis von Frauen von vornherein als zweifelhaft (vergleiche Lukas 24,11: „leeres Gerede“). Im Osterbericht des Markus kommt zum Ausdruck, daß mit der Auferstehung Jesu Frauen eine neue Bewertung erfahren. Eine entsprechend maßgebliche Bedeutung werden sie auch bei der Entstehung der christlichen Gemeinde gehabt haben.

Markus stellt in seinem Bericht klar, daß die Rede von der Auferstehung Jesu nicht zurückzuführen ist auf menschliche Phantasie oder Erkenntnis oder auf einen psychischen Vorgang. Die Erklärung, was mit Jesus ist, kommt von Gott. Sie ist Offenbarung. Das Entsetzen der Frauen bestätigt das. Das Ostergeschehen läßt erfahren, daß Gott sich erneut durch Jesus mitteilt — durch den Jesus, der als Gotteslästerer gekreuzigt und ohne irgend eine Erwartung als Toter begraben wurde.

Paulus zur Auferstehung Jesu

Die Fragen, die heute viele Menschen zur Botschaft von der Auferstehung Jesu von den Toten stellen, sind nicht neu. Der Apostel Paulus trifft sie bei den Christen in Korinth schon zwanzig Jahre nach Jesu Tod und Auferstehung an. In seinem ersten Brief an die dortige Gemeinde geht er ausführlich darauf ein (1. Korinther 15): Das älteste Zeugnis einer Auseinandersetzung mit der Auferstehung Jesu.

Paulus bezeugt, daß Jesus am dritten Tag nach seinem Begräbnis auferstanden ist — „gemäß der Schrift", das heißt: nach dem Alten Testament; gedacht ist hier an eine Aussage bei Hosea 6,2. Dann nennt Paulus eine ganze Reihe von Personen, denen Jesus als Auferstandener erschienen sei: Petrus zuerst, dann die 12 (!) Jünger, dann 500 Christen auf einmal, von denen noch die meisten am Leben seien, danach Jakobus und die Apostel und zuletzt er selbst. Im Gegensatz zu den Evangelien erwähnt Paulus in diesem Zusammenhang keine einzige Frau.

Für den Apostel steht die Auferstehung Jesu außer Frage. Denn es gibt Zeugen, denen der Auferstandene erschienen ist. Er selber zählt sich dazu; Jesus ist ihm erschienen, als Paulus selber noch zu den entschiedenen Gegnern der Christen gehörte. Und dieses für unmöglich gehaltene Geschehen hat ihn total verändert: Aus dem Verfolger wurde der Missionar.

Paulus ist nicht aufgrund der Reden Jesu oder seiner hohen Moral Christ geworden, sondern weil er selbst die Erscheinung des Auferstandenen erfahren hat. Darum erklärt er auch ganz entschieden: „Ist Christus nicht auferstanden, so ist unsere Predigt vergeblich, so ist auch euer Glaube vergeblich" (1. Korinther 15,14). Das heißt: Für Paulus ist der Glaube an Jesus allein begründet in dessen Auferstehung. Die Seligpreisungen, das Vaterunser, das Gebot der Feindes- und Nächstenliebe, Jesu ruhige Art zu sterben — das wäre für Paulus alles ohne Bedeutung, wenn Jesus, der als ein Gottloser gekreuzigt wurde, nicht erschienen wäre als der, den Gott als ersten auferweckt hat von den Toten (1. Korinther 15,20-23).

Das Geschick des Menschen hängt, so Paulus, am Geschick Jesu. Der Mensch geht mit Jesus in den Tod. Und Jesu Auferstehung zieht die Auferstehung derer nach sich, die Christus angehören (1. Korinther 15, 23). Wenn von der Auferstehung Jesu gesprochen werden muß, dann läßt sich nicht behaupten, es gäbe keine Auferstehung von den Toten (1. Korinther 15,12). Die Auferstehung Jesu ist der Sieg Gottes über den Tod — ein Sieg, auf den Gottes Welt setzen kann (1. Korinther 15, 57-58). Der Glaube an die Auferstehung überläßt die Welt nicht dem Tod, sondern unterstellt schon jetzt alles dem Gott, der in Jesus gezeigt hat, daß ihm Leben und Tod gehorchen müssen.

Auferstehung: überraschende Erfahrung mit Jesus

Jesus wurde im Alter von etwa 30 Jahren hingerichtet. Damit schien seine Sache erledigt. Seine Jünger, die mit ihm nach Jerusalem gekommen waren, hatten sich nach seiner Beerdigung enttäuscht zurückgezogen (Lukas 24,13-35; Johannes 20,11. 19). Sie hatten erwartet, daß mit ihm das Reich Gottes anbrechen werde. Nun aber war Jesus tot und das Reich Gottes immer noch nicht da.

Einige Tage nach seiner Hinrichtung kam die Rede davon auf, Jesus sei vom Tod auferstanden und lebe; sein Grab sei leer. Frauen waren die ersten, die das verbreiteten (Matthäus 28,8; Markus 16,7-8). Das Gerücht von der Auferweckung Jesu stieß bei Freund und Feind auf Skepsis. Lukas teilt mit, die Jünger hätten die Angelegenheit für ein Märchen gehalten (Lukas 24,11). Von Matthäus ist zu erfahren, daß die Gegner Jesu verbreiten ließen, dessen Jünger hätten nachts seinen Leichnam aus dem Grab gestohlen (Matthäus 28,13). Nach Johannes vermuten umgekehrt die Jünger, Jesu Gegner hätten die Leiche beseitigt (Johannes 20,2). — Wäre der Leichnam noch vorhanden gewesen, wäre die Rede von der Auferstehung Jesu von den Toten tatsächlich als ein Märchen widerlegt gewesen. Offenbar ließ sich die Tatsache des leeren Grabes nicht bestreiten. Aber sie konnte durchaus verschieden erklärt werden.

Die Tatsache, daß das Grab leer war, hat die Jünger Jesu also noch nicht von dessen Auferstehung überzeugt. Was für sie die Wende brachte und sie aus ihrer Enttäuschung über das sang- und klanglose Ende Jesu herausholte, war, daß ihnen Jesus erschienen ist und zu ihnen gesprochen hat (1. Korinther 15,5-8; Matthäus 28,9-20; Lukas 24, 13-49; Johannes 20,11-29). Dies veranlaßte die Jüngerinnen und Jünger, die schon aufgegebene Sache Jesu wieder aufzunehmen, die überraschende Erfahrung mit Jesus überall zu erzählen und ihn als Hoffnung für die Menschen und die ganze Welt bekanntzumachen.

Unbestreitbar ist, daß etliche der Frauen und Männer, die Jesus begleitet hatten, nach seinem Tod den Glauben an ihn wiedergefunden haben, und zwar unter Berufung auf seine Auferstehung von den Toten. Nicht die Erinnerung an seine Lehren oder die Bewunderung seines beispielhaften Verhaltens hat den Glauben an Jesus über seinen Tod hinaus erhalten. Sondern der bereits verlorene Glaube an Jesus ist wieder geweckt worden durch ein neues Geschehen: durch seine Auferstehung und die Botschaft von ihr.

Ist die Auferstehung Jesu darstellbar?

Kann die Auferstehung Jesu von den Toten bildlich dargestellt werden? Es ist häufig versucht worden. Dieser Holzschnitt beispielsweise trifft mit seiner groben Art noch am ehesten das, was sich in der Auferstehung Jesu verbirgt: Jesus tritt aus dem Grab hervor und hält in seiner Hand ein Kreuz. Am Kreuz hängt eine Fahne, die wiederum ein Kreuz zeigt. Die Fahne gilt als Zeichen des Sieges über den Tod. Das Gesicht Jesu ist noch vom Tod gezeichnet. Die Augen zuerst zeugen von Leben. Beim Grab hocken drei Gestalten, die aber von dem, was da geschieht, nichts mitbekommen. Es sind die Wächter, die der römische Kommissar Pilatus auf Bitten jüdischer Autoritäten am Grab Jesu postiert hat. Sie sollten verhindern, daß Jesu Leichnam gestohlen werde. So berichtet es das Matthäusevangelium 27, 62-66.

Die Auferstehung Jesu bleibt den Wächtern verborgen. Und hier deutet sich ein Widerspruch an: Das Bild zeigt etwas, was denen, die als einzige dabei waren, doch nicht sichtbar geworden ist. Keiner hat das Geschehen der Auferstehung unmittelbar gesehen. Sichtbar und erfahrbar geworden ist etwas anderes: der neue Glaube einiger Frauen und Männer an Jesus; ihr Zeugnis, Gott habe den Gekreuzigten auferweckt, und der sei ihnen erschienen (1. Korinther 15,1-8).

Bildliche Darstellungen der Auferstehung können nicht zeigen, was tatsächlich vor der Entdeckung des leeren Grabes am Ostermorgen und vor den Jesuserscheinungen, die die Jüngerinnen und Jünger hatten, mit seinem Leichnam geschehen ist. Sie können nur zeigen, was Glaubende von dem Auferstandenen erzählen. Jesus hat Menschen genötigt, seine Auferstehung zu bekunden und im Glauben an sie zu leben. Der bewachte Tod ist so sicher nicht. In Gottes Welt tritt das Leben hervor.

Himmelfahrt: Christi Spur

Lukas Cranach d.Ä., „Christi Himmelfahrt"

Auf Bildern wird das oft so dargestellt: Christus entschwebt in den Himmel; zurück auf Erden bleiben die Spuren seiner Füße und die Schar der Menschen, die an ihn glaubt. Die Spuren seiner Füße werden dabei meist in die Mitte des Bildes gerückt. Das soll wohl heißen, daß diese Spuren wichtig sind. Sie sind da, und sie sollen bleiben.

In der Apostelgeschichte, Kapitel 1, wo von der Himmelfahrt Christi erzählt wird, werden die Männer und Frauen, die dem auffahrenden Christus nachsehen, von zwei Engeln sehr direkt gefragt: „Was steht ihr da und seht zum Himmel?" Sie sollen offenbar auf die Erde sehen, auf diese achtgeben, Christi Spuren auf ihr suchen und ihnen nachgehen.

Himmelfahrt bedeutet nicht, daß Christus sich von der Erde verabschiedet und ihr den Rücken zugekehrt hätte. Sie bedeutet, daß er überall auf Erden und im Himmel seinen Ort hat und wirkt. Der Himmelfahrt voraus geht der sogenannte „Missionsbefehl" an die Männer und Frauen, vor deren Augen Christus dann emporgehoben wird: Sie sollen „bis an die Enden der Erde" seine Zeugen sein.

Christus ist nicht an Raum und Zeit gebunden, nicht auf Galiläa oder Jerusalem beschränkt, nicht auf die Zeit, als Pontius Pilatus Statthalter in Judäa war, auf die Jahre zwischen 28 und 30. Jede Zeit kann zur Zeit seiner Gegenwart werden. Man muß nicht vorgestrig sein, man muß nicht im Heiligen Land leben, um Erfahrungen mit Christus zu machen. Hier und heute werden diese Erfahrungen mit ihm gemacht. Jeder Ort und jede Zeit ist Ort und Zeit, da Christus neu Glauben weckt und damit gegenwärtig ist. — Das ist der Sinn der Geschichte von der Himmelfahrt Christi.

Pfingsten: Die Kirche entsteht

„Das größte historische Rätsel in der Geschichte der Kirche ist ihr Ursprung!" So urteilt der 1973 verstorbene Münchner Professor für Neues Testament Leonhard Goppelt.

Die Kirche feiert ihre Entstehung an Pfingsten. Von dem, was an dem ersten Pfingstfest nach dem Tod Jesu in Jerusalem geschah, wird in der Apostelgeschichte, Kapitel 2, berichtet. Die kleine Christenschar hatte sich an diesem jüdischen Erntefest sieben Wochen nach Ostern in einem Haus in Jerusalem versammelt. Dabei wurden „alle mit dem heiligen Geist erfüllt", und „Zungen, wie von Feuer, die sich verteilten und sich auf jeden von ihnen setzten", erschienen ihnen. Und die Versammelten fingen an, „in anderen Sprachen zu predigen".

Was damals tatsächlich geschehen ist, bleibt trotz des ausführlichen Berichts in der Apostelgeschichte ein Geheimnis. „Geheimnis" meint hier nicht eine Wissenslücke, sondern es ist der angemessene Ausdruck für den Charakter des Geschehens. Denn der Ursprung der Kirche liegt nicht in dem Entschluß einiger Leute, nun, da Jesus weg ist, eine Vereinigung zu gründen, die seine Ideen und Lehren pflegt und weiterträgt. Von einem solchen Entschluß ist nirgends auch nur eine Andeutung zu finden.

Die Apostelgeschichte, aber auch die übrigen Schriften des Neuen Testaments zeigen, daß die Kirche ihren Ursprung wie überhaupt ihre Existenz begründet sieht im Wirken des heiligen Geistes, das heißt: in der Gegenwart und Liebe Gottes, die mit der Person und dem Namen Jesu verbunden ist.

Die Kirche ist entstanden durch ein besonderes Geschehen, nämlich durch die erneute Begegnung mit dem Wesen Jesu nach dessen Tod. Der Sinn dieser Begegnung eröffnet sich den Christen, die an Pfingsten in Jerusalem zusammen sind, durch ein besonderes Handeln Gottes, die „Ausgießung des heiligen Geistes". Die Jünger, die zu Jesu Erdentagen in seiner Person Gemeinschaft mit Gott in einer ganz dichten Weise erfahren haben, erfahren diese Gemeinschaft nun wieder und auf neue Weise. So beschränkt sich die Kirche fortan auch nicht darauf, einfach Jesu Lehre zu verbreiten. Sie verkündigt vielmehr ihn selbst als „Herrn und Christus" (Apostelgeschichte 2,36), in dem Gott die Welt zu dem Ziel bringt, das er bestimmt. Jesu Person in ihrer Bedeutung für die Welt — das ist die Mitte der Pfingstpredigt (Apostelgeschichte 2,14-36). Und der Ursprung der Kirche ist der Gott, der mit Jesus Geschichte macht.

Die Offenbarung des Johannes

Das letzte Buch der Bibel, die Offenbarung des Johannes, ist wohl das geheimnisvollste des Neuen Testaments. Wer es geschrieben hat, ist in der Bibelwissenschaft umstritten.

Allerdings scheint sich die Meinung durchzusetzen, daß als Verfasser nicht der Johannes in Frage kommt, der als Jesu Lieblingsjünger gilt (Johannes 13,23). Ein Johannes wird freilich viermal in der Offenbarung als Verfasser genannt (Offenbarung 1,1.4.9; 22,8). Die Gleichsetzung mit dem Jünger Jesu findet sich erstmals um 150 n. Chr. Zur Person des Verfassers schreibt Eduard Lohse in einem Kommentar zu dem Buch: „er ist ein urchristlicher Prophet gewesen, der in den Gemeinden Kleinasiens in großer Vollmacht gepredigt und verkündigt hat". — Eine Beziehung zum Johannesevangelium und zu den drei Johannesbriefen im Neuen Testament wird heute immer häufiger bezweifelt.

Aller Wahrscheinlichkeit nach wurde die Offenbarung des Johannes gegen Ende der Regierungszeit des römischen Kaisers Domitian, etwa 90 bis 95 n. Chr., geschrieben. Domitian ist der erste römische Kaiser, der von seinen Untertanen göttliche Verehrung fordert. Besonders energisch wird der Kaiserkult in Kleinasien betrieben. Damit geraten die noch kleinen christlichen Gemeinden in dieser Region in Schwierigkeiten. Denn ihr Glaube an Jesus Christus läßt ein Bekenntnis zu einem Kaiser-Gott nicht zu. Verweigerten sie das, hatten sie Verfolgung und Bestrafung zu erwarten.

Während sich die übrigen Bücher des Neuen Testaments in politischen Fragen eher zurückhalten und Loyalität der Christen zur Obrigkeit bekunden (Römer 13; Apostelgeschichte 25), schlägt die Offenbarung des Johannes einen anderen Ton an. Der römische Kaiser wird mit einem brutalen Tier verglichen. Christen haben dieser Macht nichts anderes entgegenzusetzen als „Geduld und Glaube" (Offenbarung 13,10). Geduld und Glaube durchzuhalten, dazu will das Buch ermahnen und ermutigen. Das geschieht in Bildern, in einer Denkweise und Sprache, die den Unterdrückern verborgen bleibt, den Eingeweihten aber verständlich ist.

Der urchristliche Prophet weist die verfolgten Christen unter Kaiser Domitian auf das bevorstehende Kommen Christi hin und auf das Ende aller Schreckensherrschaft. Das Ende für die Christen wird nicht ihre Verfolgung und Ausrottung sein, sondern die Bestätigung ihres Glaubens, die wahrhaftigen und gerechten Gerichte Gottes (Offenbarung 16,7). Gott wird bei seinen Treuen wohnen und die Tränen von ihren Augen wischen, „und der Tod wird nicht mehr sein, noch Leid noch Geschrei noch Schmerz wird mehr sein; denn das Erste ist vergangen" (Offenbarung 21, 4).

Was ein Christ wissen soll — Der Große und Kleine Katechismus Martin Luthers

Sie „leben wie das liebe Vieh und unvernünftige Säue", meinte Dr. Martin Luther, als er 1529 seinen Kleinen Katechismus erscheinen ließ. Er faßte damit die Erfahrungen zusammen, die er im Jahr zuvor bei Inspektionen Kursächsischer Kirchengemeinden gemacht hatte. Er war da auf Pfarrer gestoßen, die von der christlichen Lehre keinerlei Kenntnis hatten. Und er war Menschen begegnet, die weder das Vaterunser noch das Glaubensbekenntnis noch die Zehn Gebote kannten. Diese „klägliche, elende Not" habe ihn gezwungen, schreibt Luther im Vorwort zum Kleinen Katechismus, die „christliche Lehre in solche kleine, schlichte, einfältige Form zu stellen".

Der Kleine Katechismus war von Luther zunächst vor allem für den ungelehrten Pfarrer und Prediger sowie für den Hausvater gedacht. Diese sollten sich über das Volk erbarmen und den Katechismus „in die Leute, besonders in das junge Volk bringen". Wort für Wort, Stück für Stück sollte der Katechismus gelehrt und gelernt werden.

Schon vor dem Kleinen Katechismus war 1529 der Große Katechismus erschienen. Diesen verstand Luther als eine kurze Zusammenfassung „der ganzen heiligen Schrift" und empfahl den Pfarrern und Predigern, sich täglich in ihm zu üben.

Im Großen Katechismus behandelt Luther in ausführlicher Form dieselben Stücke wie im Kleinen: die Zehn Gebote, das Apostolische Glaubensbekenntnis, das Vaterunser, die Taufe, das Abendmahl und die Beichte.

In seinem Vorwort zum Großen Katechismus erklärt der Wittenberger Reformator, was ein Katechismus ist: „das ist eine Kinderlehre, die ein jeglicher Christ notwendig wissen soll, so daß wer solches nicht weiß, nicht könnte unter die Christen gezählt und zu keinem Sakrament zugelassen werden". So fordert Luther auch, daß jeder Hausvater „zum wenigsten die Woche einmal seine Kinder und Gesinde (Knechte und Mägde) der Reihe nach frage und verhöre, was sie davon wissen".

Die Evangelisch-lutherische Kirche Deutschlands hat 1975 einen „Evangelischen Erwachsenenkatechismus" mit über 1300 Seiten herausgegeben. Ein „Evangelischer Gemeindekatechismus", 1979 erschienen, ist mit rund 500 Seiten eine Kurzfassung davon.

Der Heidelberger Katechismus

Kurfürst Friedrich III. mochte nicht länger mit ansehen, wie in seiner schönen Kurpfalz die strengen Lutheraner und die Anhänger des Schweizer Reformators Johannes Calvin einander bekämpften um des rechten evangelischen Glaubens willen. Die streitenden Parteien sollten sich auf ein gemeinsames Unterrichtsbuch einigen, das war seine Friedensidee.

Der Heidelberger Universitätsprofessor Zacharias Ursinus lieferte erste Entwürfe. Diese wurden ausführlich diskutiert und gründlich umgearbeitet. Das Unterrichtsbuch, das dabei herauskam, ist der „Heidelberger Katechismus". 1563 wurde er gedruckt und auf den Markt gebracht.

Der Heidelberger Katechismus ist neben Martin Luthers „Kleinem Katechismus" der bedeutendste Katechismus. Er ist das Ergebnis einer intensiven Kommissionsarbeit, das naturgemäß Kompromisse enthält. Kompromisse dienen der Einigung. Und darin liegt die aktuelle ökumenische Bedeutung des Heidelberger Katechismus.

129 Fragen des Glaubens werden im Heidelberger Katechismus kurz, klar und einprägsam beantwortet. Klassisch ist die erste Frage: „Was ist dein einziger Trost im Leben und im Sterben?" Und die Antwort: „Daß ich mit Leib und Seele, beide im Leben und im Sterben, nicht mein, sondern meines getreuen Heilandes Jesu Christi eigen bin, der mit seinem teuren Blut für alle meine Sünden vollkommen bezahlt und mich aus aller Gewalt des Teufels erlöst hat und also bewahrt, daß ohne den Willen meines Vaters im Himmel kein Haar von meinem Haupt kann fallen, ja auch mir alles zu meiner Seligkeit dienen muß. Darum er mich auch durch seinen heiligen Geist des ewigen Lebens versichert und ihm forthin zu leben von Herzen willig und bereit macht."

In drei Kapiteln wird das nun entfaltet. Das erste Kapitel fragt, woher der Mensch sein Elend erkennt: Aus Gottes Gesetz, das fordert, Gott und den Nächsten zu lieben, was aber von Natur kein Mensch tut. Im zweiten Teil geht es um die Frage nach der Erlösung des Menschen aus seinem Elend. Sie geschieht nicht durch den Menschen, sondern durch den wahren Menschen und wahren Gott, Jesus Christus. Im dritten und letzten Kapitel wird die Frage gestellt: „Warum sollen wir gute Werke tun?" Die prägnante Antwort: „daß wir mit unserm ganzen Leben uns dankbar gegen Gott für seine Wohltat erzeigen und er durch uns gepriesen werde."

„Protestant"

Martin Luther (1483 - 1546)

Die Reformation der Kirche, die Martin Luther 1517 mit der Veröffentlichung seiner 95 Thesen zur Buße ausgelöst hatte, war schon zwölf Jahre im Gang, als ihre Anhänger einen neuen Namen erhielten: „Protestanten".

Die Bezeichnung kam nach dem zweiten Reichstag zu Speyer im Jahr 1529 auf. Die katholische Mehrheit bei dem Reichstag hatte die Ausstoßung und Verfolgung (Reichsacht) gegen die Evangelischen erneuert und bekräftigt, die schon acht Jahre zuvor auf dem Reichstag zu Worms gegen Luther und seine Gefolgschaft verhängt worden waren. Die Ausbreitung des evangelischen Glaubens wurde verboten. Die Anhängerschaft des Schweizer Reformators Ulrich Zwingli sollte ausgerottet werden. Fünf Fürsten und 14 Städte erhoben feierliche „Protestation" gegen die bedrohlichen Beschlüsse des Speyrer Reichstages. Die Bezeichnung „Protestant" geht auf diesen Vorgang zurück.

Der Reichstag von Speyer 1529 nötigte die verschiedenen reformatorischen Bewegungen jener Zeit, sich gegen die Unterdrückungspolitik des Kaisers Karl V. zusammenzutun. Vom 1. bis 3. Oktober des gleichen Jahres kam es in Marburg zu Verhandlungen zwischen Luther und Zwingli — den beiden führenden Reformatoren. In 15 Artikeln zu verschiedenen Glaubensfragen konnten diese Übereinstimmung feststellen. Nur im Verständnis des Abendmahls kam es zu keiner Einigung. Die reformatorische Bewegung blieb gespalten — bis heute.

Der katholische Luther

Knapp 34 Jahre ist Martin Luther alt, als er am 31. Oktober 1517 die 95 Thesen über die Buße veröffentlicht. Damit beginnt die Reformation, aus der schließlich die evangelische Kirche hervorgeht. Luther empfindet sich damals und auch noch lange danach als treuer Katholik. .

Als Sohn katholischer Eltern wird er in katholischer Frömmigkeit erzogen. Zu seinen Schlüsselerlebnissen gehört jenes Gewitter in der Nähe von Stotternheim, bei dem ein Blitz ihn fast getroffen hätte. Als es neben ihm einschlägt, ruft Luther: „Hilf, heilige Anna, ich will ein Mönch werden!" Die heilige Anna ist die Schutzpatronin der Bergleute, und Martin Luthers Vater war Bergmann. Dieser wird seinen Sohn gewiß von klein an gelehrt haben, zu den Heiligen zu beten.

Sein Versprechen gegenüber der heiligen Anna löst Luther dann auch ein. Zwanzig Jahre lang ist er Augustiner-Mönch. Er lebt in einem Kloster in Erfurt, das einer strengen Richtung angehört. Der Eifer, mit dem er Mönch ist, fällt seinen Oberen auf. Sie veranlassen seinen Eintritt in den Priesterstand, und bald vertraut man ihm auch Aufsichtsämter in seinem Orden an.

Als Luther 1510 in Angelegenheiten seines Ordens nach Rom reist, sieht er die Ewige Stadt ganz mit den Augen des frommen Katholiken. Erst Jahrzehnte später distanziert er sich von dem, was er damals erlebt hat. Als er sich daran erinnert, was er dort gesucht, geglaubt und gemacht hat, bezeichnet er sich als „tollen Heilgen".

Nach 1517 kritisiert Luther den Papst zunehmend und bezeichnet ihn schließlich sogar als Antichristen. Es scheint, als habe er damit alle Bande zur katholischen Kirche abgeschnitten. Dennoch bleibt festzuhalten: Er ist aus der Mitte der katholischen Kirche hervorgegangen und hat in ihr seine Wurzeln. Als er 1505 ins Kloster eintritt, wird ihm dort eine Bibel ausgehändigt. Die Beschäftigung mit diesem Buch macht ihn zum Reformator. Empfangen hat er es von der katholischen Kirche. Im Studium der katholischen Theologie lernt er Fragen und Antworten, Methoden und Denkmodelle kennen, die ihm zu seinen Entdeckungen mit verhelfen und die ihm unentbehrlich bleiben bei der Formulierung seiner eigenen Theologie.

Nicht zuletzt verdankt Luther manchen Katholiken ganz persönliche Hilfe — z.B. dem Johann von Staupitz, seinem Ordensvorgesetzten und Beichtvater. Nach Luthers eigenem Bekunden hat Staupitz ihm „das Licht des Evangeliums" gezeigt: „Ich habe meine ganze Sache von Staupitz; der hat mir dazu verholfen", äußert er später. Staupitz war Katholik und schloß sich der Reformation nicht an. Luther blieb ihm dennoch verbunden.

Martin Luthers Ordnung des Gottesdienstes

Die bereits Christen sind, brauchen keine bestimmte Ordnung für den Gottesdienst. „Sie haben ihren Gottesdienst im Geist", meint Luther in der Vorrede zur „Deutschen Messe und Ordnung des Gottesdienstes". Ordnungen des Gottesdienstes müsse es jedoch geben um der Menschen willen, „die erst noch Christen werden oder es stärker werden sollen". Martin Luther wollte die Gottesdienstordnung, die er 1526 in der „Deutschen Messe" veröffentlichte, nicht als Gesetz überall eingeführt wissen. Diese sollte vielmehr „gemäß der christlichen Freiheit" gebraucht werden.

Luthers „Deutsche Messe" bewahrt soviel wie möglich von der herkömmlichen römisch-katholischen Messe. Diese wird nicht beseitigt, sondern evangelisch gemacht — insbesondere durch die biblische Ausrichtung des Abendmahls und eine Konzentration auf das hörbare biblische Wort.

Im einzelnen hat die „Deutsche Messe" folgende Gestalt: Geistliches Lied oder Psalm in deutsch gesungen, darauf das Kyrie eleison (Herr, erbarme dich) dreimal gesungen, Kollektengebet, das der Pfarrer singt, Lesung der Epistel (Brief aus dem Neuen Testament) gesungen, deutsches Lied „mit dem ganzen Chor", Lesung des Evangeliums, ebenfalls gesungen. Danach singt die ganze Gemeinde „den Glauben zu deutsch". Es folgen die Predigt über das Evangelium, eine Paraphrase (Umschreibung) des Vaterunsers und eine Vermahnung derer, die zum Abendmahl gehen wollen. Der Abendmahlsteil setzt unmittelbar ein mit den hörbar gesprochenen Einsetzungsworten, und zwar zunächst zum Brot, das sogleich ausgeteilt wird, danach erst das Wort zum Wein, der anschließend gereicht wird. Während der Austeilung des Brotes wird das deutsche Sanctus („Jesaja, dem Propheten, das geschah", Evangelisches Kirchengesangbuch, 135) oder ein anderes Lied gesungen. Bei der Austeilung des Weines wird das Agnus dei („Christe, du Lamm Gottes", Evangelisches Kirchengesangbuch, 136) deutsch gesungen. Dankgebet und aaronitischer Segen (4. Mose 6, 24-26) beschließen den Gottesdienst.

Alle biblischen Worte (Epistel, Evangelium, Einsetzungsworte) soll der Pfarrer „mit dem Angesicht zum Volk gekehrt" lesen. Bei den Gebeten wendet sich der Pfarrer nach Luthers Vorschlag zum Altar. Wert legt der Reformator darauf, daß es beim Abendmahl „fein ordentlich und züchtig" zugehe. Darum sollen die Frauen nach den Männern zum Altar gehen. — Hier lehrt die Erfahrung mit der von Luther hochgeschätzten christlichen Freiheit, daß es auch „fein ordentlich und züchtig" bleibt, wo Frauen und Männer gemeinsam zum Altar kommen.

Ein politischer Reformator: Ulrich Zwingli

Ungeheuerliches geschah zur Fastenzeit 1522 in Zürich. Angesehene Bürger der Stadt veranstalteten ein deftiges Wurstessen. Unter ihnen befand sich auch der Pfarrer vom Großmünster, Ulrich Zwingli.

Das fröhliche Wurstessen sollte eine Demonstration sein gegen die Speisevorschriften der Kirche. Der Tat ließ Zwingli alsbald die Begründung und Verteidigung folgen, und zwar in einem Büchlein mit dem Titel „Von Erkiesen (= Wählen) und Freiheit der Speisen“.

Das war der Anfang der Reformation der Kirche in der Schweiz, deren Einfluß aber weit über die Grenzen dieses Landes hinausging. Zwingli hat sie ausgelöst und mit politischer Energie vorangetrieben. Am 1. Januar 1484 ist er in Wildhaus, Grafschaft Toggenburg, als Sohn eines freien Bergbauern und Amtmanns geboren. Am 11. Oktober 1531 fiel er als Feldprediger in der Schlacht bei Kappel — in einem Krieg gegen die fünf katholischen Kantone der Schweiz.

Zwinglis Weg als Reformator führte vom Rand ins Zentrum und vom Zentrum wieder an den Rand (G.W. Locher). Er verstand Jesus zunächst moralistisch als einen, der lehrt, wie der Wille Gottes zu erfüllen sei, und daß es am Menschen liege, den Willen Gottes zu erfüllen. Über die Kritik an der Heiligenverehrung seiner Zeit, am Zehnten und an den Fastengeboten drang Zwingli aber immer tiefer vor zu dem, was auch für Martin Luther die entscheidende reformatorische Erkenntnis war: In Gott allein hat der Mensch Frieden und Trost und nicht im Vertrauen auf die Kreatur und das eigene Wollen und Können. Der Mensch wird dem Willen Gottes nicht gerecht. Allein Christus hat den Willen Gottes erfüllt. Und Christus hat das für die ganze Menschheit getan. „Ruhe und Sicherheit“ des Menschen liegen darum allein im „Verdienst Christi“.

Sie sind demjenigen gegeben, der seine Zuversicht in Gott hat. Diese Zuversicht will aber — so Zwingli — nicht nur die einzelne menschliche Seele bestimmen, sondern alle Bereiche des Lebens — auch den politischen Bereich. Denn: „Das Reich Christi ist auch äußerlich." Entsprechend hat die von Zwingli beeinflußte Reformation sehr viel stärker als die von Luther bestimmte auch politische Gestaltung gesucht. Doch blieb Zwingli bewußt, daß nicht Politik die Welt erlöst, sondern Gott mit seinem Geist.

Die Zehn Gebote

Das Judentum zählt 613 Gebote. Davon sind 365 Verbote. Wer kann sich so viele Anweisungen und Forderungen merken? — Aus dieser praktischen Frage heraus wurde versucht, den Anspruch Gottes an den Menschen in wenigen Sätzen zusammenzufassen. Die Zehn Gebote bieten ein Beispiel für eine solche Zusammenfassung (2. Buch Mose, Kapitel 20). Weitere biblische Beispiele für zusammenfassende Gebotsreihen aus zehn oder zwölf Sätzen finden sich in 2. Mose, 34,14-26; 3. Mose 20,11-21; 5. Mose 27,15-26.

Der Wunsch nach noch größerer Vereinfachung drückt sich in der Frage nach dem höchsten Gebot aus. Jesus beantwortet diese Frage mit dem sogenannten Doppelgebot (Markus 12,30-31): „Du sollst den Herrn, deinen Gott, lieben von ganzem Herzen, von ganzer Seele, von ganzem Gemüt und von allen deinen Kräften... Du sollst deinen Nächsten lieben wie dich selbst." Jesus verbindet hier zwei Sätze, die er aus dem Alten Testament aus ganz verschiedenen Zusammenhängen zitiert, nämlich aus 5. Mose 6,5 und 3. Mose 19,18.

Ein anderes Mal faßt Jesus „das Gesetz und die Propheten", d.h. hier die Gottesforderungen des Alten Testaments, in der sogenannten Goldenen Regel zusammen (Matthäus 7,12): „Alles, was ihr wollt, daß euch die Leute tun sollen, das tut ihnen auch!"

Die Zehn Gebote werden mehrfach in der Bibel zitiert. Das zeigt ihre hohe Autorität. Einzelne der Zehn Gebote werden zum Beispiel in der Bergpredigt angeführt (Matthäus 5,21.27) oder beim Gespräch Jesu mit dem reichen jungen Mann (Markus 10,19) und bei Paulus (Römer 13,9).

Nach 2. Mose 20 hat Mose die Zehn Gebote am Berg Sinai von Gott empfangen. Diese würden damit aus der Zeit stammen, als die Stämme Israels sich noch als Nomaden auf der Wanderung durch die Wüste befanden. Das wäre vor 1200 v. Chr. Die neuere Forschung bezweifelt aber dies hohe Alter der Zehn Gebote. So setzt z.B. das neunte Gebot voraus, daß man in Häusern wohnt. Das galt für Israel aber erst, nachdem es seßhaft geworden war (nach 1200 v. Chr.).

Einzelne der Zehn Gebote mögen wohl aus der Zeit des nomadischen Lebens Israels stammen. In der vorliegenden Gestalt aber wird die Reihe erst im 7. Jahrhundert v. Chr. entstanden sein.

Damals veranlaßte König Josia eine grundlegende Erneuerung des Gottesglaubens und eine Unterrichtung des Volkes in den „Geboten, Ordnungen und Rechten" Gottes (2. Könige 23,3).

Die erste Tafel der Zehn Gebote

Die Zehn Gebote, die den Anspruch Gottes an den Menschen zusammenfassen, werden oft auf zwei Tafeln dargestellt. Auf der einen Tafel stehen die ersten drei und auf der anderen die übrigen sieben Gebote. Diese Aufteilung ist sachlich angemessen: Die drei ersten Gebote beziehen sich auf die Verehrung Gottes und die anderen auf das menschliche Zusammenleben.

Die Reihe der Zehn Gebote, wie sie in 2. Mose 20,2-17 steht, wird eröffnet mit einem Vorspruch: „Ich bin der Herr, dein Gott, der ich dich aus Ägyptenland, aus der Knechtschaft geführt habe." Mit diesem Wort stellt sich Gott selbst vor. Er erinnert an das, was er getan hat. Und seine Taten begründen seine Forderungen. Der Gott, der etwas fordert, ist der Gott, der immer schon etwas vollbracht und gegeben hat. Die Gebote Gottes haben in seiner Güte ihr Fundament.

An die Selbstvorstellung Gottes knüpft das erste Gebot an: „Du sollst nicht andere Götter haben neben mir." An diesem Gebot hängt die religiöse Unverwechselbarkeit Israels. Denn in der Völkerwelt, die Israel umgab, wurden überall viele Götter verehrt. Daß alle Macht bei einem einzigen Gott sei, war für die Völker ein unmöglicher Gedanke. Der Gott Israels aber fordert die ausschließliche Anerkennung und verbietet die Verehrung „anderer Götter". Daß Israel häufig in der Versuchung stand, „fremden Göttern" zu folgen, ist an vielen Stellen der Bibel belegt (z. B. 1. Könige 18; Amos 5,26). Darum bedurfte es immer wieder der Einschärfung des Verbots, anderen Götter zu dienen (z. B. Josua 24; Jeremia 7).

Martin Luther erklärt zum ersten Gebot: „Worauf Du nun Dein Herz hängst und verläßt, das ist eigentlich dein Gott." Da zeigt sich, daß die Verehrung von Göttern neben Gott noch nicht erledigt ist.

Das zweite Gebot nach dem Katechismus von Martin Luther ist das Verbot, den Namen Gottes zu mißbrauchen. In der Bibel steht an zweiter Stelle das Verbot, sich ein Bild von Gott zu machen. Beide Verbote haben den gleichen Sinn: Der Mensch soll weder durch ein Abbild von Gott noch durch den Gebrauch seines Namens Gott in seinen Griff nehmen und beherrschen wollen.

Das Gebot zur Heiligung des Feiertags bezieht sich auf den Sabbat. Es hat in 2. Mose 20 eine ausführliche Ausführungsbestimmung und wird unter Hinweis auf 1. Mose 2,2-3 damit begründet, daß Gott am siebten Schöpfungstag geruht hat. In der Heiligung des Feiertags nimmt der Mensch die Ruhe an, die Gott der Schöpfung gegeben hat. Die Welt und der Mensch brauchen nicht nur die Arbeit. Sie brauchen auch den Urlaub und die Schonung von der Arbeit für ihre Existenz und ihr Verhältnis zu Gott.

Die zweite Tafel der Zehn Gebote

Als „Einladung zu einem menschlichen Leben“ ist die zweite Tafel der Zehn Gebote zu verstehen. So heißt es in einer gemeinsamen Erklärung des Rates der Evangelischen Kirche in Deutschland und der Katholischen Deutschen Bischofskonferenz, die 1979 erschienen ist (Titel: „Grundwerte und Gottes Gebot“). Zur zweiten Tafel gehören die letzten sieben Gebote. Sie fassen Gottes Forderungen zusammen, die der menschlichen Gemeinschaft gelten.

Das vierte Gebot wendet sich an die erwachsenen Kinder und fordert von ihnen die Verehrung ihrer Eltern. Gemeint ist damit die Versorgung der arbeitsunfähig gewordenen Generation. Martin Luther hat das vierte Gebot auch auf das bezogen, was der Staat zu tun hat und der Bürger diesem schuldet. Denn der Staat hat in der Familie, in der füreinander gesorgt wird, seine Wurzel und sein Vorbild.

Das Verbot der Tötung, das fünfte Gebot, meint das eigenmächtige Töten, d.h. den Mord und Totschlag. Das Töten im Krieg war dem Israeliten von seinem Gott nicht grundsätzlich untersagt. Es wird für Christen freilich von Jesu Forderung der Feindesliebe und der Bewahrung der Schöpfung her in Frage gestellt.

Das sechste Gebot will die Ehe schützen. Ehebruch ist nicht jenseits von Gut und Böse. Er gefährdet eine soziale Institution, „die Partner auf Lebenszeit in Freude und Leid verbindet“ (Grundwerte und Gottes Gebot). Sexualbeziehungen ohne verbindliche Partnerschaft machen den Menschen zum Gebrauchsgegenstand. Das ist gegen die Würde, die Gott dem Menschen gegeben hat.

„Du sollst nicht stehlen“ verbietet in seiner ursprünglichen Bedeutung den Menschenraub, ist aber schon früh ausgedehnt worden auf das gesamte Eigentum eines Menschen. In der schon zitierten gemeinsamen Erklärung heißt es dazu: „Das Gebot stellt das persönliche Eigentum des Menschen unter den Schutz Gottes, weil es dem Menschen die Möglichkeit der Verwirklichung personaler Freiheit gewährt.“ Gleiches gilt auch für das neunte und zehnte Gebot, die sachlich zusammengehören und Machenschaften verbieten, mit denen jemand unlauter oder unrechtmäßig Haus, Familie, Hab und Gut eines anderen an sich bringen will.

Das achte Gebot mahnt den Zeugen vor Gericht, keine lügenhaften Aussagen zu machen. Es will Recht und Gerechtigkeit sichern. Nach Martin Luther gehört auch der gute Ruf zum Rechtsgut eines Menschen.

Die gemeinsame Erklärung sieht in den sieben Geboten der zweiten Tafel Grundnormen, „die für jedermann Geltung beanspruchen: Leben, Ehe und Familie, Freiheit, Menschenwürde, Gut und Ehre eines jeden Menschen sind unantastbar“.

Ein Kaiser läßt bekennen

Das war stets ein Höhepunkt und ein spannender Augenblick, wenn in der römischen Gemeinde des 2. Jahrhunderts ein Mensch getauft werden sollte. Vor der versammelten Gemeinde wurden ihm drei Fragen gestellt: Glaubst du an Gott, den allmächtigen Vater? Glaubst du an den Christus Jesus, unsern Heiland? Glaubst du an den heiligen Geist, eine heilige Kirche und die Vergebung der Sünden? Und auf jede Frage antwortete der Täufling: Ich glaube. Dann empfing er die Taufe, wie es schon im Missionsbefehl am Schluß des Matthäusevangeliums heißt: „auf den Namen des Vaters und des Sohnes und des heiligen Geistes".

Die Tauffragen der römischen Gemeinde sind der Ursprung des Apostolischen Glaubensbekenntnisses, das Generationen von Christen im Gottesdienst und im Tauf- oder Konfirmandenunterricht gelernt haben.

In vielen Gemeinden gehört das Apostolische Glaubensbekenntnis zum festen Bestandteil des sonntäglichen Gottesdienstes. Es beginnt mit dem Satz: „Ich glaube an Gott, den Vater, den Allmächtigen, den Schöpfer des Himmels und der Erde." Diesem Bekenntnis zu Gott folgt das Bekenntnis des Glaubens an Jesus Christus als Gottes „eingeborenen Sohn, unsern Herrn" sowie im dritten Teil das Bekenntnis zum Heiligen Geist, zur Kirche, zur Vergebung der Sünden, zur Auferstehung der Toten und zum ewigen Leben.

Es ist Kaiser Otto I. (912-973) zu verdanken, daß das Apostolische Glaubensbekenntnis in der Kirche allgemein eingeführt wurde. Der Kaiser wollte damit eine Vereinheitlichung des Gottesdienstes erreichen. Bis dahin wurden in den Gemeinden verschiedene christliche Bekenntnisse gebraucht. Auch heute wird noch bei festlichen Gelegenheiten das sogenannte nizänisch-konstantinopolitanische Glaubensbekenntnis aus dem Jahr 381 gesprochen oder gesungen.

Die dreiteilige Gliederung sowie die wesentlichen Sätze des Apostolischen Glaubensbekenntnisses finden sich schon in der frühen römischen Gemeinde. Der heutige volle Wortlaut hat sich aber erst in Jahrhunderten herausgebildet. Noch in jüngster Zeit wurde an ihm gearbeitet. 1967 haben sich die Kirchen im deutschen Sprachraum auf einen einheitlichen Wortlaut geeinigt, der aber immer noch Spielraum läßt.

So hält die römisch-katholische Kirche daran fest, „die heilige katholische Kirche" zu bekennen. Dagegen sagen die Evangelischen weiterhin „die heilige, allgemeine Kirche". Dabei ist „allgemeine" lediglich die Übersetzung von „katholische".

„Ich glaube" — zum Apostolischen Glaubensbekenntnis"

„Wie eine Biene den Honig aus mancherlei schönen, lustigen Blümlein zusammenzieht, also ist dies Symbol ... aus der ganzen Schrift fein kurz gefasset für die Kinder und einfältigen Christen", sagt Martin Luther vom Apostolischen Glaubensbekenntnis.

Mit diesem Bekenntnis — auch Symbol genannt — faßt die Kirche zusammen, was sie als Botschaft von den Aposteln gehört hat. Das Bekenntnis ist nicht von den Aposteln selber formuliert worden. Es ist nach ihrer Zeit entstanden, gründet aber auf dem, was die Apostel gelehrt und bezeugt haben. Darum heißt es zu Recht „apostolisch".

Das Bekenntnis spricht aus, was Christen „glauben". „Glauben" heißt: „sich anvertrauen", „sich überlassen". Wenn Christen sagen, „ich glaube", wollen sie nicht eine Vermutung äußern oder eine beliebige Meinung. Sondern sie wollen damit sagen, woran ihr Herz hängt (M. Luther) und worauf sie ihr Leben bauen.

Seit Martin Luther 1529 das Apostolische Glaubensbekenntnis im Kleinen Katechismus erklärt hat, ist die Einteilung in drei Artikel geläufig. Luther selbst hat diesen die Überschrift gegeben: „Von der Schöpfung", „von der Erlösung" und „von der Heiligung".

Demnach sagt das Bekenntnis, was der dreifaltige Gott tut. Luther faßt zusammen: „Ich glaube an Gott Vater, der mich geschaffen hat; ich glaube an Gott den Sohn, der mich erlöst hat; ich glaube an den Heiligen Geist, der mich heilig macht".

Mit dem Apostolischen Glaubensbekenntnis erklärt ein Christ also, daß sein Herz an dem hängt und daß er sein Leben auf das baut, was Gott tut. Nicht an seine eigenen Taten und Werke glaubt ein Christ, sondern an die Taten Gottes. Diesen überläßt er sich und vertraut er sich an — gerade auch in seinem eigenen Versagen und in seinem Engagement.

Das Glaubensbekenntnis macht keine Aussage über das, was ein Christ tut oder tun soll. Es spricht einzig und allein von dem, was Gott tut. Nicht einmal das „ich glaube" kann als eigene Leistung des Christen gelten. Richtig erklärt Martin Luther zum dritten Artikel, daß der Christ „nicht aus eigener Vernunft noch Kraft" glauben kann, sondern der Heilige Geist ihn durch das Evangelium zum Glauben beruft und darin erhält.

Christen verdanken ihren Glauben also nicht sich selber, eigenen Erkenntnissen, Einsichten und Bemühungen, sondern allein dem Tun und den Werken Gottes. Diese sind der Grund ihres Glaubens, der Boden, auf dem sie stehen, die Hoffnung und die Liebe, die sie bewegen.

ICH GLAUBE

Ich glaube an Gott den Vater, den Allmächtigen,
den Schöpfer des Himmels und der Erde,

und an Jesus Christus, seinen eingeborenen Sohn,
unseren Herrn,
empfangen durch den Heiligen Geist,
geboren von der Jungfrau Maria,
gelitten unter Pontius Pilatus,
gekreuzigt, gestorben und begraben,
hinabgestiegen in das Reich des Todes,
am dritten Tage auferstanden von den Toten,
aufgefahren in den Himmel;
er sitzt zur Rechten Gottes,
des allmächtigen Vaters;
von dort wird er kommen, zu richten
die Lebenden und die Toten.

Ich glaube an den Heiligen Geist,
die heilige christliche Kirche,
Gemeinschaft der Heiligen,
Vergebung der Sünden, Auferstehung der Toten
und das ewige Leben.
Amen.

Das Apostolische
Glaubensbekenntnis

„Wer ist der?" — zum Apostolischen Glaubensbekenntnis

Die drei Artikel des Apostolischen Glaubensbekenntnisses sind verschieden lang. Am ausführlichsten ist der Teil über Jesus Christus. Aus gutem Grund. Denn der Glaube an Jesus Christus war ja das Neue und ist nach wie vor das Einzigartige des christlichen Glaubens.

Juden und Heiden fragten die Christen nach der Rolle Jesu in ihrem Glauben. Aber auch unter den Christen selbst brach manche Frage in bezug auf Jesus auf, die der Klarstellung bedurfte. Zum Beispiel: Wenn Jesus Gottes Sohn ist, kann dann wirklich Er am Kreuz gestorben sein, oder hat nicht ein anderer an seiner Stelle am Kreuz gehangen?

Wenn im Glaubensbekenntnis gesagt wird, daß Jesus unter Pontius Pilatus gelitten hat, gekreuzigt wurde und begraben, dann bekennen sich Christen zum leidenden Gott. Gott hat sein Leben eingesetzt, seine Existenz, ist zum Äußersten gegangen, um von Sünde und Tod zu befreien. Es war Gott selbst, der in Jesus für uns am Kreuz gelitten hat und gestorben ist.

Fragen an die Christen und Diskussionen unter den Christen haben das Apostolische Glaubensbekenntnis geprägt. So konzentriert sich der zweite Artikel ganz auf den Weg Jesu: empfangen, geboren, gelitten, gekreuzigt, begraben, hinabgestiegen, auferstanden, sitzend zur rechten Hand Gottes, er wird wiederkommen und richten.

Nichts findet sich über das, was Jesus gelehrt hat. Für den christlichen Glauben ist entscheidend die Person Jesu — die Antwort auf die Frage: „Wer ist der?" (Markus 4,41). Der Christ verläßt sich vor allem auf eine Person und nicht auf eine Lehre. Er teilt sein Schicksal mit Jesu Geschick und stimmt nicht nur seinen Worten zu.

Der erste Artikel klärt eine innerkirchliche Diskussion: Ist der Gott, der mit Jesus Christus die Welt erlöst, derselbe, der die Welt erschaffen hat? In anderen Religionen gilt, daß Schöpfer und Erlöser konkurrierende Gottheiten sind. Für Christen aber ist der Vater Jesu auch der Schöpfer von Himmel und Erde. Wir haben es bei der Schöpfung und bei Jesus mit ein und demselben Gott zu tun.

Im dritten Artikel wird bekannt, daß Gott auch in Gegenwart und Zukunft wirkt. Als Heiliger Geist ruft er die Menschen, die zu ihm gehören, auch heute zur Kirche und Gemeinschaft zusammen. Er befreit den Menschen auch heute von allem, was von Gott trennt und fern hält. Und Gott bestimmt schöpferisch und erlösend auch die Zukunft des Menschen, des Himmels und der Erde mit der „Auferstehung von den Toten" und mit einem neuen, „ewigen Leben". — Darauf ist Verlaß.

Gott und die Drei

Die Kirche bekennt sich zu „Gott, dem Vater und dem Sohn und dem heiligen Geist". Das klingt, als ob sie von drei verschiedenen Göttern spräche. Aber sie war sich von Anfang an mit dem Judentum einig, daß es für sie nur einen einzigen Gott gibt. Das ist der Gott, der die Welt erschaffen hat und sie erhält und mit Israel durch die Geschichte gegangen ist. Der wird der „Vater" genannt. Zu ihm hat Jesus zu beten gelehrt: „Vater unser im Himmel..." (Matthäus 6,9-13).

Doch die Christen haben schon bald damit begonnen, ihre Gebete auch an Jesus zu richten. Sie rufen: „Komm, Herr Jesus!" (vergleiche 1. Korinther 16,22). „Herr" aber ist von alters her ehrende Anrede für den Gott Israels. Glauben die Christen an zwei Götter, wenn sie nun auch zu Jesus „Herr" sagen und ihn tatsächlich auch als Gott bezeichnen (Johannes 1,18; 20,28)? Und die Frage verschärft sich noch, weil die Christen in ihren Gottesdiensten auch zum heiligen Geist beten: „Komm, Schöpfer Geist..." — Glauben sie etwa an drei Götter?

Die Antwort der Kirche auf diese Frage ist zusammengefaßt in dem Begriff der „Dreieinigkeit" oder „Dreifaltigkeit" (lateinisches Lehnwort: „Trinität"). Der Begriff steht für ein Denkmodell, an dem die Kirche bis heute feilt, dessen wesentliche Aussagen aber nach Jahren des Nachdenkens, der Diskussion und des Streits 325 n. Chr. im Bekenntnis von Nicäa formuliert wurden.

In Konsequenz ihres Glaubens erkennen die Christen, daß sie Jesus als Gott bekennen müssen. Denn daran hängt die Gewißheit der Erlösung. Erlösen von Sünde und Tod, von Unmenschlichkeit und Gottlosigkeit kann nur Gott. Wenn die Christen also die Erlösung durch Jesus Christus bekennen, müssen sie auch dessen Gottheit bekennen.

Und wenn es einem Menschen geschenkt ist, an Christus zu glauben, so weiß dieser, daß er sich das nicht selbst gutschreiben kann. Er verdankt das dem Gott, der in sein Herz gekommen ist. Zur Gewißheit des Christen gehört es, daß er seinen Glauben dem gegenwärtigen und lebendigen Gott verdankt. Diesen nennt er: heiliger Geist.

Mit dem Bekenntnis zum dreieinigen „Gott, dem Vater und dem Sohn und dem heiligen Geist", will die Kirche sagen: Wenn wir der Schöpfung begegnen und uns selber als Geschöpfe erfahren, begegnen wir Gott als „Vater". Wenn wir in Jesus dem Christus oder Erlöser begegnen, begegnen wir demselben Gott als „Sohn". Wenn wir glauben, hoffen und lieben können, begegnen wir darin demselben Gott als „heiligem Geist". Derselbe Gott ist aus sich herausgegangen (Philipper 2,7) bis in unsere Welt, bis in unseren Tod, bis in unser Lebenszentrum — in dreifaltiger Beziehung.

Gottesbeweise?

Tausend Jahre lang haben sich Theologie und Philosophie darum bemüht, nachzuweisen, daß Gott notwendig gedacht werden muß. Dazu wurde eine Reihe von Gottesbeweisen aufgestellt. Mit einem Schlag schien diese Bemühung umsonst, als der Philosoph Immanuel Kant 1781 mit seinem Buch „Kritik der reinen Vernunft“ erklärte, nur das Erfahrbare sei auch beweisbar. Was „jenseits“, metaphysisch, sei, entziehe sich der Erfahrbarkeit und damit auch der Vernunft und Beweisbarkeit. Die Vernunft könne somit keine Aussage über die Existenz Gottes machen.

Die beiden bedeutendsten Gottesbeweise sind der ontologische und der kosmologische. Anselm von Canterbury hat im 11. Jahrhundert den ontologischen Gottesbeweis geführt: Gott ist etwas, das so groß ist, daß nichts Größeres gedacht werden kann. Das Größte, was gedacht werden kann, muß notwendig auch existieren. Würde es nicht existieren, wäre es nicht das, was als Größtes denkbar ist. — Ähnlich argumentiert im 17. Jahrhundert René Descartes: Im vollkommensten Wesen muß auch Wirklichkeit sein, sonst wäre es nicht vollkommen.

Einen kosmologischen Gottesbeweis führt im 13. Jahrhundert Thomas von Aquin: Gott ist das Sein, das notwendig ist, damit überhaupt etwas sein kann. Alles, was ist, hat etwas zur Voraussetzung, das notwendig sein muß.

Diese „Beweise“ können als Gottesbeweise freilich in Frage gestellt werden. Denn die Behauptung, daß das Größte, das Vollkommenste oder das notwendige Sein Gott sei, ist eine willkürliche Festsetzung. Sie kann auch nicht einsichtig machen, daß der so bewiesene Gott noch existiert. Er könnte ja als Größtes oder einst notwendiges Sein auch der Vergangenheit angehören.

Immerhin zeigen die „Gottesbeweise“, daß die Vernunft nicht anders kann, als ein Größtes, das auch existiert, oder ein notwendiges Sein als Voraussetzung allen Seins zu denken. Daß dieses aber Gott ist, der die gesamte Wirklichkeit und auch mich selbst bestimmt, das kann nur der Glaube sagen. Dem, der nicht glaubt, beweisen die Gottesbeweise nur etwas, was denkbar ist, aber nicht etwas, was ihn unbedingt angeht und ihm etwas sagen kann. Dem Glaubenden werden die „Gottesbeweise“ auch nicht genügen, weil Gott für ihn nicht Theorie bleiben, sondern in der Praxis wirksam werden will. Allerdings kann der Glaubende mit ihrer Hilfe den Nichtglaubenden darauf ansprechen, daß beide auf Erfahrungen angewiesen sind, die nicht in ihrer Macht und zu ihrer Verfügung stehen. Die „Gottesbeweise“, sagt der Theologe Heinrich Ott in seinem Buch „Die Antwort des Glaubens“, zeigen die Richtung an, aus der der Mensch Gott erwarten kann.

Über das Beten

Nicht nur Christen beten. Gebete finden sich in vielfältigen Formen auch in anderen Religionen. Bis in die Wortwahl hinein zeigt das Gebet der Christen Verwandtschaft mit nichtchristlichen Gebeten.

Im Alten Testament gibt es ursprünglich keinen eigenen Begriff für das Beten. Sondern es heißt dafür beispielsweise: sprechen, rufen, fürsprechen, schreien, bitten, loben, danken, suchen. Einzelne dieser Begriffe haben dann den allgemeinen Sinn von „beten“ angenommen. Ein Zeugnis der reichen Möglichkeiten des Betens ist der Psalter im Alten Testament. Der Psalter ist das gemeinsame Gebetbuch von Juden und Christen.

Die ersten Christen, die ja aus dem Judentum kamen, haben an der alttestamentlich-jüdischen Gebetstradition festgehalten. Dennoch wurde ihnen das Beten zu etwas Neuem. Nach dem Evangelisten Lukas findet das seinen Ausdruck in der Bitte der Jünger an Jesus (Lukas 11,1): „Herr, lehre uns beten!" Jesus lehrt sie dann, das Vaterunser zu beten (Lukas 11,2-4). Das Besondere an diesem Gebet ist die Anrede Gottes als „Vater“ — aramäisch: abba. Mit „abba“ spricht ein Kind seinen Vater an. Jesus lehrt also, in kindlichem Vertrauen zu Gott zu beten.

Jesus ermutigt zum Beten. Denn Gott, der Vater, läßt sich bitten und umstimmen — schon „wegen des unverschämten Drängens“ und um sich nicht selber zu blamieren (Lukas 11,8). Gott läßt mit sich reden. Das heißt zugleich, daß er seine Absolutheit und Macht beschränkt zugunsten des Beters, indem er ihm Einfluß gewährt. Gott könnte ja auch ein Gott sein, der das Gespräch mit sich verweigert. Wenn Jesus lehrt, Gott im Gebet als „Vater“ anzureden, dann bezeugt er damit auch, daß Gott das Gebet, die Ansprache will.

Den entscheidenden Grund zum Beten gewinnen Christen aus der Auferweckung Jesu von den Toten. Denn das Geschick des Gekreuzigten sollte endgültig sein und blieb es doch nicht. Gott hat es gewendet vom Bösen zum Guten, vom Tod zum Leben, von der Enttäuschung zur Hoffnung. Darum beten Christen auch „im Namen Jesu“ (Johannes 14,13-14; Epheser 5, 20; Kolosser 3,17).

Im Namen Jesu macht sich für Christen die Gewißheit fest, daß das Gebet zum Vater erhört wird und nicht gegen eine herzlose und unbewegliche Wand gesprochen ist. Der Christ richtet sein Gebet an den Gott, der hört, Schicksale wendet und Macht hat auch über den Tod. Es hat Christen in politische Konflikte gebracht, daß sie allein diesen Gott anbeteten.

Reich Gottes und Paradies

Christen glauben nicht an das Paradies, schon gar nicht an ein Paradies auf Erden. Die Vorstellung von einem wunderschönen Garten, in dem alle köstlichen Dinge der Erde in Hülle und Fülle vorhanden sind, oder von einem Ort, da die seligen Toten versammelt sind, spielt in der Bibel kaum eine Rolle. Die Erwartung der Christen ist gerichtet auf das Reich Gottes. „Reich" meint dabei die Herrschaft Gottes.

Jesus hat vom Reich Gottes am liebsten in Beispielgeschichten gesprochen. Die meisten solcher Gleichnisse beginnen mit den Worten: „Mit dem Reich Gottes verhält es sich wie..." Und dann wird auf einen bekannten alltäglichen Vorgang hingewiesen. Zum Beispiel (Markus 4,30 32): „Es ist wie bei einem Senfkorn: Wenn das aufs Land gesät wird, so ist's das kleinste unter allen Samenkörnern auf Erden; wenn es aber ausgesät ist, so geht es auf und wird größer als alle Kräuter und treibt Zweige, so daß die Vögel unter dem Himmel in seinem Schatten wohnen können."

Jesus will damit sagen: Der Anfang des Reiches Gottes ist winzig und unscheinbar, und das Ende ist groß und nicht zu übersehen.

In einer christlichen Deutung dieses Gleichnisses vom Senfkorn ließe sich sagen: Der Anfang des Reiches Gottes ist dieser einzelne, ohnmächtige Mensch Jesus, der am Kreuz stirbt; und das Ende ist, was aus diesem Gekreuzigten wird: eine Welt, die in der Liebe, Macht und Freiheit Gottes geborgen ist.

Jesus sagt einmal (Lukas 17,21): „Das Reich Gottes ist mitten unter euch". Ein andermal sagt er im Zusammenhang mit dem Abendmahl zu seinen Jüngern (Markus 14,25): „Ich werde nicht mehr trinken von der Frucht des Weinstocks bis zu dem Tag, an dem ich von neuem davon trinken werde im Reich Gottes."

— Beim ersten Mal erscheint das Reich Gottes als etwas Gegenwärtiges, beim zweiten Mal als etwas Zukünftiges. Wenn das Reich Gottes da ist, wo und wann Gott ganz und gar das Sagen hat, dann kann es sowohl gegenwärtig als auch zukünftig sein. In der Person Jesu Christi ist es gegenwärtig. Denn Jesus ist allein von Gott bestimmt. Die Menschen und die Welt sonst lassen sich aber auch von anderen Mächten und Ansprüchen regieren. Darum ist hier das Reich Gottes nicht sichtbar. Dennoch durchdringt Gott die Welt durch das Wirken der Botschaft Jesu Christi und durch den Glauben an diese Botschaft.

Das Reich Gottes in der Verkündigung Jesu ist stets ganz in Gottes Hand. Es ist nicht etwas, was durch Politik herbeigeführt werden könnte oder durch Organisation oder durch ein bestimmtes menschliches Verhalten. Sondern das Reich Gottes ist Gottes Herrschaft, seine Freiheit, Macht und Liebe. Diese ist in Jesus Christus da.

Schöpfung und Erntedank

Im christlichen Glaubensbekenntnis wird Gott der „Schöpfer des Himmels und der Erde" genannt. Das ist eine Aussage über Gott, mehr aber noch über Himmel und Erde.

Daß Gott Schöpfer ist, ist keine Selbstverständlichkeit. Die Religion des antiken Griechenland kennt beispielsweise keinen Schöpfergott. Und auch im alten Israel wird Gott zunächst als der Gott Abrahams, Isaaks und Jakobs verehrt. Daß er auch die Welt erschaffen hat, wird erst relativ spät Bekenntnis in Israel.

Dabei ist es wichtig, daß die Welt nach dem Urteil Gottes „sehr gut" ist (1. Mose 1,31). Es könnte ja auch anders sein. Gott könnte sein Werk auch nicht gut finden und es wieder zerstören. Diese Möglichkeit wird in der Geschichte von der Sintflut (1. Mose 6-9) ins Auge gefaßt. Freilich gipfelt diese Geschichte darin, daß Gott der Schöpfung Bestand gibt (1. Mose 8,21-22). Er verleiht ihr seinen Segen. Der Mensch, der Gott als Schöpfer bekennt, läßt sich von Gottes positivem Verhältnis zu seiner Welt bestimmen: Er wird die Welt achten. Er lobt Gott für alle seine Werke und erkennt, daß „seine Herrlichkeit reicht, so weit Himmel und Erde ist" (Psalm 148,13). Der Mensch, der Gott als Schöpfer lobt, sieht in der Welt eine Gabe Gottes, für die er zu danken hat. Er findet sie reich ausgestattet mit allem, was seiner Lebenserhaltung und darüberhinaus auch seiner Freude dient.

Martin Luther hat in seiner Erklärung des christlichen Glaubensbekenntnisses die Sorge des Schöpfers für den einzelnen Menschen stark hervorgehoben: „Ich glaube, daß mich Gott geschaffen hat samt allen Kreaturen, mir Leib und Seele, Augen, Ohren und alle Glieder, Vernunft und alle Sinne gegeben hat und noch erhält; dazu Kleider und Schuh, Essen und Trinken, Haus und Hof, Weib und Kind, Acker, Vieh und alle Güter; mit allem, was not tut für Leib und Leben, mich reichlich und täglich versorgt".

Damit, daß Gott der Schöpfer des Himmels und der Erde ist, wird nicht nur gesagt, daß Gott in grauer Vorzeit etwas geschaffen hat. Sondern Christen wollen vor allem sagen: Ich muß Gott als Schöpfer bekennen, weil auch ich heute mein Leben ihm verdanke. Ich bin von Gott gewollt und erwünscht. Ich bin nicht gegen seinen Willen da. Er sorgt auch für mich. Sonst würde ich nicht leben.

Wenn am Erntedanktag die Kirche geschmückt wird mit Blumen, Früchten, Brot und Industriegütern, wird die Fürsorge des Schöpfers anschaulich gemacht. Mir wird vor Augen gestellt, wie Gott sich um mich kümmert und wie willkommen ich ihm bin.

Was soll die Taufe?

Kleine Kinder zu taufen ist nicht selbstverständlich. Viele Eltern wollen ihrem Kind die Entscheidung über die eigene Taufe und damit auch über die Religionszugehörigkeit selber überlassen. Tatsächlich ist die Kindertaufe schon seit Jahrhunderten umstritten. In der Reformationszeit (16. Jahrhundert) sind Bewegungen entstanden, die forderten, daß nur unterrichtete Erwachsene, die wissen, was sie tun, getauft werden sollten. Aus ihnen sind baptistische (= taufgesinnte) Kirchen hervorgegangen.

Die wissenschaftliche Bibelforschung ist sehr gründlich der Frage nachgegangen, ob die Kindertaufe schon im Neuen Testament belegt sei. Ausdrücklich erwähnt wird sie dort nicht. Einen indirekten Beleg sehen einige in der Apostelgeschichte 16,33, wo erzählt wird, daß sich ein Gefängniswärter mit all seinen Angehörigen hat taufen lassen. Unter den Angehörigen werden auch Kinder vorausgesetzt.

Jesus hat selber nicht getauft. Aber der Taufbefehl (Matthäus 28, 18-20) zeigt, daß die Taufe schon in der Urgemeinde praktiziert wurde. Zunächst wird sie als eine Art Kennzeichnung des neuen „heiligen Israel" verstanden worden sein. Dabei wurden die Gläubigen auf den Namen Jesu „versiegelt". Paulus sah in der Taufe das Abwaschen des alten sündigen Menschen, die von Gott gegebene Befähigung (Heiligung) zu einem neuen Leben, das sich von Christus bestimmen läßt, und die Freisprechung des Getauften vor Gott um Christi willen (Römer 6; 1. Korinther 6,11). So hat die Taufe ihren Grund im Wirken Christi und nicht in einer menschlichen Leistung oder Qualität.

Die Taufe will sagen, daß der Mensch seine Existenz Gott zu verdanken hat und nicht sich selber, dem Staat oder der Gesellschaft. Der Mensch versteht sich auch nicht aus sich selber. Er kann sich nicht selber erklären und halten. Die Wurzel des Menschen ist nicht der Mensch, sondern Christus, d.h. die Fülle der Liebe Gottes, die des Menschen Herkunft, Gegenwart und Zukunft ist.

Der Mensch findet sich als Mensch vor. Er verdankt seine Existenz. Daß er sie Christus zu verdanken hat, ist die Botschaft der Taufe an alle Menschen — gleich welchen Alters oder welcher Volkszugehörigkeit. Die persönliche Zusage der Gnade und Liebe Gottes in Christus gilt Kindern ebenso wie mündigen Menschen, und sie gilt nicht nur gesunden Menschen, sondern auch kranken und behinderten. Die Taufe von kleinen Kindern, die ja noch keinerlei Lebensleistung vorzuweisen haben, kann in besonderer Weise deutlich machen, wie entscheidend es ist, daß Gott dem Menschen freundlich ist.

Für die Liebe Gottes gibt es keinen Ersatz und keinen Kaufpreis. Sie ist das Geschenk Gottes selbst, das er mit der Taufe übergeben läßt.

Vom Abendmahl

Das „heilige Abendmahl" hat in den christlichen Gemeinden einen hohen Stellenwert — so hoch, daß die verschiedenen Kirchen das rechte Verständnis des Abendmahls zur Bedingung machen für die Teilnahme daran. Eine gemeinsame Abendmahlsfeier, die offen ist für alle Christen, gilt erst dann als erlaubt, wenn die Einheit der Kirche wiederhergestellt ist. Sie besiegelt die Einheit. Gelegentlich wird aber auch die Auffassung vertreten, das gemeinsame Abendmahl müsse am Anfang des Einigungsprozesses stehen, um diesen voranzubringen.

Das „heilige Abendmahl" knüpft an das Passahmahl an, das Jesus mit seinen Jüngern am Vorabend seiner Hinrichtung feiert (Markus 14,12- 25). Das Passahmahl erinnert im Judentum an die Befreiung aus der Sklaverei in Ägypten (2. Mose 12-13). Jesus gibt dem letzten Mahl mit seinen Jüngern aber einen neuen Sinn: Es wird, so oft es gefeiert wird, seinen Tod verkündigen (1. Korinther 11,26), es wird den Bund mit Gott, den Christus eröffnet, bestätigen (Markus 14,24) und die Wiedervereinigung mit Christus vorwegnehmen (Markus 14,25).

Für das Verständnis des Abendmahls ist wichtig, welche Bedeutung gemeinsames Essen bei Jesus auch sonst hatte. Markus berichtet von einem Essen im Haus des Levi, bei dem „viele Zöllner und Sünder mit Jesus und seinen Jüngern zu Tisch sitzen" (Markus 2,13-17). Als er deswegen kritisiert wird, rechtfertigt Jesus die Tischgemeinschaft: „Ich bin gekommen, die Sünder zu rufen und nicht die Gerechten". Gottes Gemeinschaft ist größer als die Gemeinschaft, auf die sich Menschen einlassen wollen.

Auf die Frage, warum seine Jünger nicht fasten, antwortet Jesus: „Wie können Hochzeitsgäste fasten, während der Bräutigam bei ihnen ist?" (Markus 2,19). Das Zusammensein mit Christus ist Anlaß zur Freude.

Die Evangelien berichten, Jesus habe mehrere tausend Menschen durch wunderbare Vermehrung von Speisen gesättigt (Markus 8,1-9; Johannes 6, 1-13). Wer zu Jesus kommt, wird nicht nur geistlich versorgt, sondern auch leiblich. Schließlich fällt auf, daß nach den Berichten der Evangelien Judas an der letzten Mahlfeier Jesu mit seinen Jüngern teilgenommen hat, obwohl er als Verräter schon bekannt war (Matthäus 26,25). Jesus läßt zum Abendmahl auch den Menschen zu, der ihn verrät, für den es besser wäre, er wäre nie geboren (Matthäus 26,24).

Die Kirche hat die Offenheit der Mahlfeiern Jesu nicht durchgehalten, sondern mit der Forderung nach rechter Würdigkeit mancherlei Schranken aufgerichtet. Eines aber hat sie festgehalten: Im Abendmahl ist Christus da und tut, was sein Wesen ist: Er bringt Verlorene zu Gott und damit auch zur Gemeinschaft untereinander (1. Korinther 10, 16-17).

Fasten — christlich verstanden

„Warum fasten deine Jünger nicht?" wird Jesus gefragt (Markus 2,18). Die Fragenden verweisen auf die Pharisäer, die zweimal in der Woche fasten, und auf die Schüler von Johannes dem Täufer, die ebenfalls fasten. Man könnte sich ganz allgemein auf die religiöse Welt berufen: In vielen Religionen wird gefastet. Der Fastenmonat Ramadan spielt zum Beispiel im Islam eine große Rolle.

Jesus begründet die Praxis seiner Jünger mit einer Gegenfrage (Markus 2,19): „Wie können die Hochzeitsgäste fasten, während der Bräutigam bei ihnen ist?" Bei Hochzeiten wird nicht gefastet. Jesus vergleicht die Zeit seines Beisammenseins mit den Jüngern mit einer Hochzeit. Also ist da nicht die Zeit des Fastens. Erst, wenn die Hochzeit vorbei ist, kommt die Zeit zum Fasten wieder. Und so bezeugt auch die Apostelgeschichte (13,2; 14,23), daß in der ersten christlichen Gemeinde gefastet wird.

Es bleibt jedoch auffällig, daß sich im Neuen Testament keine Anweisung zum Fasten findet. Jesus selbst hat das übliche Verständnis von Fasten aufgehoben: „Wenn du aber fastest, so salbe dein Haupt und wasche dein Gesicht", sagt er in der Bergpredigt (Matthäus 6,17). Salben und Waschen sind Vorbereitungen auf ein Fest. So will Jesus, daß Fasten ein Zeichen der Freude sei und nicht der Trauer oder Selbsterniedrigung.

Trotz dieses neuen Verständnisses und der Zurückhaltung, die das Neue Testament in Sachen Fasten zeigt, hat sich schon bald in der Kirche eine reiche Fastenpraxis entwickelt. Bestimmte Fastentage und -zeiten kamen auf. So die vierzig Tage vor Ostern, von Aschermittwoch an mit Ausnahme der Sonntage.

Nach dem maßgeblichen Theologen des Mittelalters, Thomas von Aquin, geschieht das Fasten in dreifacher Absicht: Es soll die Begierde des Fleisches zügeln, dem Geist die Betrachtung des Erhabenen erleichtern und Genugtuung für die Sünden leisten.

Martin Luther hat das Fasten im Kleinen Katechismus „wohl eine feine äußerliche Zucht" genannt. Er hält es aber weder für von Gott geboten noch für etwas, womit der Mensch sich bei Gott etwas verdienen kann. In der evangelischen Frömmigkeit spielt daher das Fasten nahezu keine Rolle.

Erst neuerdings wird Fasten im Zusammenhang mit der Ökologie- und Gesundheitsbewegung als bewußtes Verzichten zum Beispiel auf Alkohol, Nikotin oder Fleisch auch unter evangelischen Christen wieder mehr und mehr geübt. Die Erwartung, den Menschen neu oder besser zu machen, erfüllt das Fasten nicht. Diese Erwartung gründet sich allein auf Christus.

Die Fußwaschung — ein Sakrament?

Das Evangelium des Johannes berichtet im 13. Kapitel, daß Jesus am Vorabend des Passahfestes während des Essens seinen Jüngern die Füße wäscht. „…da stand er vom Mahl auf, legte sein Obergewand ab und nahm einen Schurz und umgürtete sich. Danach goß er Wasser in ein Becken, fing an, den Jüngern die Füße zu waschen, und trocknete sie mit dem Schurz, mit dem er umgürtet war."

Die Jünger lassen sich das gefallen. Nur Petrus protestiert: „Nie und nimmer sollst du mir die Füße waschen." Jesus erwidert ihm: „Wenn ich dich nicht wasche, hast du keinen Platz bei mir." Und er fügt hinzu: „Ihr nennt mich Meister und Herr und sagt es mit Recht, denn ich bin's auch. Wenn nun ich, euer Herr und Meister, euch die Füße gewaschen habe, so sollt auch ihr euch untereinander die Füße waschen. Ein Beispiel habe ich euch gegeben, damit ihr tut, wie ich euch getan habe."

Die Fußwaschung zeigt eindrucksvoll, wie sich Jesus als Diener seiner Jünger versteht. Dabei stellt er klar, daß seine Jünger seinen Dienst brauchen und daß sie auch selber nach seinem Beispiel einander dienen sollen.

Könnte die Fußwaschung nicht ein Sakrament sein wie Taufe und Abendmahl? Die Kirche — sowohl die evangelische als auch die katholische — nennt drei Merkmale für ein Sakrament: 1. Christus muß es eingesetzt haben, 2. es muß ein erkennbares Zeichen haben und 3. es muß die Gnade Christi mitteilen. Alle drei Merkmale treffen für die Fußwaschung zu.

Dennoch konnte die Fußwaschung in den evangelischen Kirche nie den Rang eines Sakraments erreichen. Allzu wirksam war da wohl der Verdacht Martin Luthers, daß die Fußwaschung nur zu leicht zur Heuchelei werden könnte. Das ist allerdings auch bei Taufe und Abendmahl nicht anders.

In der römisch-katholischen und in der orthodoxen Kirche finden in Kathedral- und Abteikirchen am Gründonnerstag feierliche Fußwaschungen statt. Auch reformatorische Kirchen kannten diese Handlung — so bis 1818 die Brüdergemeine.

Neuerdings findet die Fußwaschung in der evangelischen Kirche als diakonische Beispielhandlung wieder Beachtung. Sie kann uns den Dienst Christi an seinen Jüngern und den Dienst der Jünger untereinander erfahrbar machen. Die Füße, die sich die Jünger Jesu in der Nachfolge schmutzig machen, bedürfen der täglichen Reinigung. Als „Sakrament zur Vergebung von täglichen Sünden" (Bernhard von Clairvaux) verdiente die Fußwaschung in der Kirche ihre Feier und Anerkennung.

Evangelische Kirche im Dritten Reich

„Die Protestanten wissen überhaupt nicht, was Kirche ist", meinte Adolf Hitler, der auch die Kirche sich selber unterstellen wollte. Er hat dieses Ziel nicht erreicht. Dabei schien er zunächst gerade mit der evangelischen Kirche leichtes Spiel zu haben. Denn der Protestantismus war seit dem Ende des Kaiserreichs 1918 politisch orientierungslos. Der Nationalsozialismus, der sich scheinbar kirchenfreundlich gab, wurde im Protestantismus weithin begrüßt — vor allem von jungen Theologen, die sich politisch auf der Höhe der Zeit glaubten, aber auch von einer ganzen Reihe von Bischöfen. In den „Deutschen Christen" (DC) sammelten sich die evangelischen Anhänger Hitlers. Ihr Kandidat, Wehrkreispfarrer Ludwig Müller, wurde mit massiver Hilfe des Führers „Reichsbischof" der Deutschen Evangelischen Kirche. Die DC strebten eine deutsche Volkskirche an, die dem Totalitätsanspruch des nationalsozialistischen Staates gerecht werden sollte.

Gegen Geist und Praxis der „Deutschen Christen" formierte sich in allen deutschen Landeskirchen Widerstand. Pfarrer Martin Niemöller organisierte den Pfarrernotbund, der Pfarrer, die durch die DC oder den neuen Staat in Bedrängnis geraten waren, materiell und juristisch unterstützte. Daneben organisierte sich in der „Bekennenden Kirche" (BK) die bekenntnismäßige Opposition gegen die DC und die Ansprüche des nationalsozialistischen Staates. — So war die evangelische Kirche in Deutschland im Dritten Reich gespalten. Hitler konnte nur einen Teil an sich binden.

Der Widerstand in der evangelischen Kirche gegen die „Deutschen Christen" und den Nationalsozialismus war vor allem theologisch bestimmt und weniger politisch begründet. Er suchte und fand Orientierung in der Bibel und nicht in der Politik Hitlers, die so viele überzeugte. Die maßgeblichen Grundsätze der Bekennenden Kirche wurden am 31. Mai 1934 in der „Theologischen Erklärung von Barmen" von den 139 Mitgliedern einer „Bekenntnissynode" einmütig beschlossen. Hier stellt die erste These die Weichen: „Jesus Christus, wie er uns in der Heiligen Schrift bezeugt wird, ist das eine Wort Gottes, das wir hören, dem wir im Leben und im Sterben zu vertrauen und zu gehorchen haben. Wir verwerfen die falsche Lehre, als könne und müsse die Kirche außer und neben diesem einem Wort Gottes auch noch andere Ereignisse und Mächte, Gestalten und Wahrheiten als Gottes Offenbarung anerkennen." So wurde Hitler die Anbetung verweigert und dem Totalitätsanspruch des Nationalsozialismus widersprochen. Die Evangelischen wußten in weiten Teilen doch, was Kirche ist: die Schar, die auf Christus hört.

Paul Tillich:
Hin und her zwischen Gott und Welt

Militärpfarrer, religiöser Sozialist, Professor — Paul Tillich: Am 20. August 1886 wurde er in Starzeddel, Kreis Guben, geboren.

1933 verlor er als erster Nichtjude seine Professur an der Universität in Frankfurt am Main. Er war dort für jüdische Studenten eingetreten und hatte sich entschieden gegen den Nationalsozialismus ausgesprochen. 1962 erhielt er in der Frankfurter Paulskirche den Friedenspreis des Deutschen Buchhandels.

Paul Tillich gehört zu den hervorragenden evangelischen Theologen des 20. Jahrhunderts, obwohl er im deutschen Raum erst spät Beachtung gefunden hat. Das hat mehrere Gründe: Tillich ging nach der Vertreibung von seinem Lehrstuhl in die USA und blieb dort bis zu seinem Tod am 22. Oktober 1965. Ein wesentlicher Teil seiner Werke ist in Englisch geschrieben und wurde erst ab 1959 in deutscher Sprache herausgegeben. Tillich stammte aus einer konservativen Pfarrersfamilie, warf sich aber in ein Leben, das er selber ein „schöpferisches Chaos" nannte und das kaum noch der herkömmlichen und von der Kirche vertretenen Moral entsprach.

Die Theologie in Deutschland wurde in der ersten Hälfte dieses Jahrhunderts angesichts der beiden Weltkriege und des Dritten Reichs durch das Bemühen bewegt, den Gegensatz von Gott und Welt festzustellen. Die Übereinstimmung von Gott und Welt, wie sie im 19. Jahrhundert weithin betont wurde, war für viele nachdenkliche Theologen im Ersten Weltkrieg zerbrochen. Das gilt auch für Paul Tillich.

Aber zwischen der Bestätigung der einfachen Übereinstimmung und der Feststellung des puren Gegensatzes zwischen Gott und Welt sucht Tillich einen dritten Weg. Diesen bezeichnet er mit dem Begriff „Korrelation". Korrelation bedeutet: Gott antwortet auf die Fragen des Menschen, und der Mensch reagiert auf die Antworten Gottes. Zwischen Gott und Welt findet so eine spannungsreiche Geschichte statt, in der es hin und her geht.

Aufgabe von Theologie und Kirche ist es, die Frage, die die Situation des Menschen stellt, aufzuspüren und die Antwort Gottes darauf in „prophetischer Freiheit" auszusprechen, und zwar so, daß der Mensch die Antwort als etwas begreift, was ihn unbedingt angeht und seinerseits zu einer Reaktion nötigt. „Das, was uns unbedingt angeht, ist das, was über unser Sein oder Nichtsein entscheidet." Und das ist der Gegenstand der Theologie.

Karl Barth: Theologe des Wortes Gottes

Ein Mensch behauptet, der Mensch könne von sich aus über Gott nichts wissen und sagen. Und derselbe, der das behauptet, schreibt dann dreizehn dicke Bücher über Gott und ist der bedeutendste Theologe dieses Jahrhunderts: Karl Barth. Er wurde am 10. Mai 1886 in Basel geboren.

Was hat denn Karl Barth in seinen Büchern über Gott geschrieben, wenn er doch davon überzeugt war, daß der Mensch von sich aus nichts über Gott wissen könne? Die Antwort des Schweizer Theologen, der als Dorfpfarrer begann und dann Professor wurde in Göttingen, Münster, Bonn und 1935 in Basel: Von Gott läßt sich Wahres nur sagen und schreiben, was dieser von sich aus mitgeteilt hat. Nur das, was Gott selber von sich bekanntgemacht, offenbart hat, kann der Mensch von ihm wissen und sagen. Der Mensch, der bloß aus seinem Gefühl oder seinem Denken heraus meint, Aussagen über Gott machen zu können, der spricht in Wahrheit über einen Götzen, über einen selbstgemachten Gott, nicht aber über den Gott, der wahrhaft Gott ist und als solcher „ganz anders" als der Mensch mit allem, was dieser denkt, fühlt, wünscht, schafft, versteht.

Was Gott von sich offenbart hat, trägt der Mensch nicht von Natur aus in seinem Herzen und findet er auch nicht in seiner Erfahrung oder in seinen Kenntnissen von Geschichte und Natur. Gott hat sich vielmehr allein in seinem Wort bekanntgemacht. Und: „Das steht in der Bibel."

Karl Barth will nun als Theologe auch nichts anderes tun, als das Wort Gottes, wie er es in der Bibel findet, nachsprechen und nachdenken. So ist jene 13-bändige „Kirchliche Dogmatik" in der Hauptsache ein Eindringen in die Bibel und deren Erklärung. Bereits 1921 hatte eine Auslegung zum Brief des Paulus an die Römer den Dorfpfarrer schlagartig berühmt gemacht.

Die Ausschließlichkeit, mit der Karl Barth die Selbstoffenbarung Gottes in der Heiligen Schrift suchte, hatte für ihn politische Folgen. Als 1933 Adolf Hitler an die Macht kam, sahen auch viele Theologen in diesem Ereignis Gott sprechen und sich in den aktuellen Ereignissen zeigen. Karl Barth weigerte sich, im „Erwachen des deutschen Volkes" und in der Machtergreifung Hitlers Gott am Werk zu sehen. Er strafte die Machtergreifung durch Nichtbeachtung. Die Nationalsozialisten reagierten darauf, indem sie ihn von seiner Professur in Bonn vertrieben.

Am 10. Dezember 1968 ist Karl Barth in seiner Geburtsstadt gestorben.

Rudolf Bultmann: Glauben und Verstehen

1952 entging er nur knapp der Verurteilung durch eine lutherische Synode. In manchen Kreisen ist er auch Jahre nach seinem Tod noch der Inbegriff des Irrlehrers: Rudolf Bultmann, 1884 in Wiefelstede bei Oldenburg geboren, seit 1921 Professor für Neues Testament in Marburg, dort 1976 gestorben. Er gehört neben Karl Barth zu den wirkungsvollsten Theologen des 20. Jahrhunderts.

„Glauben und Verstehen" ist der Titel von vier Bänden mit Aufsätzen von Rudolf Bultmann und bezeichnet treffend sein Bemühen. Er möchte Glauben und Verstehen miteinander versöhnen und nicht hinnehmen, daß, wer glaubt, auf das Verstehen verzichten muß. Darum fordert er die „Entmythologisierung" der Bibel. Denn der Mythos setzt eine überholte Weltanschauung voraus. Um den Begriff der Entmythologisierung und das damit verbundene Programm dreht sich der Streit um Bultmann.

„Entmythologisieren" nennt Bultmann selbst einmal „ein sicherlich unbefriedigendes Wort". Aber er erklärt, was er damit meint: eine Methode der Deutung der biblischen Mythen. Er will die Mythen, zum Beispiel die Himmelfahrt Jesu, nicht einfach streichen, sondern er will sie auslegen auf das Leben hier und jetzt hin. „Mythen sind Ausdruck für die Einsicht, daß der Mensch nicht Herr der Welt und seines Lebens ist, daß die Welt in der er lebt, voller Rätsel und Geheimnisse steckt". Sie wollen sagen, „daß die Welt und das Leben ihren Grund und ihre Grenzen in einer Macht haben, die außerhalb all dessen ist, was wir berechnen und kontrollieren können." Aber die Mythen sprechen davon „auf unzureichende und ungenügende Art". Denn sie sprechen vom Jenseitigen wie von einem Diesseitigen, von etwas, was nicht sichtbar ist, als sei es sichtbar, von „Göttern, als wären sie Menschen".

Die „Entmythologisierung" vollzieht Rudolf Bultmann mit der „existentialen Interpretation". Das heißt: Er befragt die Bibel und die einzelnen Texte danach, wie die menschliche Existenz darin verstanden wird. Womit wird die Bereitschaft geweckt, daß der Mensch seine ungesicherte Existenz und Zukunft annimmt und sich für sie entscheidet? Womit wird er in die Verantwortung für sich und die Welt gestellt? Die Bibel einschließlich ihrer Mythen muß so ausgelegt werden, daß sie zur unausweichlichen Anrede und Ankündigung Gottes an den Menschen wird. Denn sie ist „eine persönliche Botschaft", die den Menschen in seiner Unsicherheit anspricht und zur Freiheit beruft. Diese Freiheit ist nicht Willkür, sondern wird gewonnen in der Entscheidung für ein Gesetz, „das seinen Ursprung und seine Begründung im Jenseitigen hat" — in Gott, der unverfügbar ist und geglaubt werden muß, wie auch die menschliche Existenz unverfügbar ist und angenommen sein muß.